Aランクの仕事術

仕事のやり方、時間への意識改革が求められている……………まえがきに代えて

あなたは今、入社何年目だろうか？　どんな仕事ぶりを発揮しているだろうか？　おそらく、どんなセクション・立場にいても、自分自身の意識改革を強く求められているだろう。ビジネスパーソンにとっては受難の時代であり、「正念場だ」と言える。

時代は大きく変貌を遂げた。日本経済のグローバル化は加速し、私たちを取り巻く環境は恐ろしいスピードで変化し続けている。当然、今までの価値観では通用しなくなり、市場の変化に迅速、且つ的確に対応することが要求される……そんな時代なのだ。

これは会社の雇用形態にも大きな影響を及ぼしている。パートタイム労働者の増加をはじめ、雇用形態も多様化し、正社員になるにも大変な時代になった。そのため、正社員一人ひとりに求められる仕事の能力やクオリティも高くなり、たとえ大企業に就職しても、「定年まで絶対安泰」とはいかない実情がある。

フレキシブルな頭脳と前向きな行動力で、クオリティの高い具体的な成果を限られた時間内に出せない人は、必ずリストラされる。間違いなくそんな時代が来る。いや、もう来ている。

会社でのほほんとしているようでは、ある日突然に解雇されることもあるだろう。「俺は仕事をきちんとやっている」と自負していても、会社の評価は「極めて低い」ということだ。にもかかわらず、なんら意識の変革をしようとしない人が多い。〝平和ボケ〟というか、危機感がないというか……つつがなく仕事をすれば、給料は保証され、今後も雇用されるという安易な考え方から抜け出せないでいる。

そこにはコストに対する意識はない。「時間をシビアに管理して稼ぎ出す」という意識が薄いのだ。つまり「時間＝コスト」という思考経路が欠けているのである。

これからの時代に求められるのは、「時間＝コスト」という意識をきちんと持って実践する人である。でなければ、将来はない！

私は〝働き蜂〟のように、休みもロクに取らずに日々残業に明け暮れている人を見て、その人が優秀な人間とは到底思えない。仕事の段取りや手順が悪く、集中力に欠ける人が多い。だから端からは、いかにもダラダラと仕事をしているように見える。

ところが、本人は一生懸命に頑張っているつもりで、「そんな自分を会社も高く評価してくれている」と錯覚している。

このあたりのギャップに本人は気づいていない。当然、会社が下す人事評価は極めて低い。

どんな会社でも、社員の能力をランクづけして評価している。A・B・C・D・Eというように5段階くらいで評価する。仮にDやEの評価をされると、厳しい言い方をすれば、「必要のない社員」ということになる。好景気ならば、そのような社員でも会社は雇ってくれた。リストラもしなかった。まだ経営に余裕があったからだ……だが、今は違う。

「稼ぎの悪い社員は、1人でも多く減らしたい」――。

これが会社のホンネなのである。

「残業をするのが美徳」と言われた時代は終わった。今はむしろ、「残業をしなければ仕事が終わらない人は能力に問題がある」という評価のほうが一般的だ。当然だろう。

事実、私の経験でも残業の常習者で優秀な社員は少なかった。

なかには、「上司が帰らないから、自分も帰れない」というような空気が蔓延している職場もある。こんな職場の社員は伸びないし、会社も成長しない。

仕事というのは、時間とコストを考えながら、自分のリズムに乗ったときに一気にやれば、大半は片づいてしまうものだ。そしてサッサと会社を出る。ムダな時間は会社で過ごすべきではない。言い換えれば、会社にムダな時間は必要ないのである。

私自身、時間にはとてもシビアに対応している。

たとえば、書籍を1冊執筆するような場合、ダラダラと書いていたら3カ月経っても仕上げることはできない。そんな時間的な余裕はない。許される時間は最長でも1カ月以内。

それでも、やり方を工夫すれば、簡単に成し遂げることができる。

その秘訣は、集中できるときに一気にやるからだ。

だからといって、1日10時間もやることはない。朝、事務所に10時に来て、夕方の5時には事務所を出る。そして、家に帰って缶ビール片手に大好きなプロ野球のナイターを見たり、本を読んだりしている。ただ、短い雑誌の連載などは家で一気に書く。この一気が良いのだ。

もちろん、いい加減な一気ではない。あらゆる資料や必要なデータを確実に収集しての一気である。

とはいえ、書籍の執筆は、やはり時間が掛かるのも事実だ。ゆえに、一気とはいかないが、細切れに一気にやる。そうして常に早め早めに仕事をやっていれば、たとえ突然の来客や電話相談・仕事の依頼などが入っても十分に対応できる。

仕事はなんといっても、手順と集中力だ。
それらを支えるのが、「時間＝コスト」思考である。

これさえ身につければ、スピーディーに片づけられる。

集中力があって手際良く仕事をする人は、概して残業をするケースは少ない。仕事は効率良くやらなければならない。そのほうがストレスもたまらない。会社からの評価も高い。

本書では、効率的な時間の使い方を実践し、クオリティの高い仕事をするための具体的な手法を解説している。前もって断っておくが、内容はかなり厳しいものになっている。だが、甘い考えや中途半端な意識をいつまでも持っていることは、結果として、自分を不幸にする。

会社で仕事をする以上は、Ａランクの評価を得られる社員になってもらいたい。

もし今、自分は「手順が悪い」「仕事の成果が上がらない」「仕事が遅い」などと悩んでいる人は、本書を参考にして大いに役立てて欲しい。自分がみるみる変わっていくのが実感できるだろう。そして、目の前がどんどん明るくなっていくことにも気づくはずだ。

ご健闘をお祈りする。

２０１４年４月吉日

日野　征

第1章 常に工夫・改善する意識を持て！

「時間＝コスト」思考を実践するために

第2章

できるだけ短時間で仕上げるコツ

あらゆる方法でそれを成し遂げよ

第3章

いかに効率アップを図るかを常に考えよ

ムダな仕事は徹底して排除せよ!

第4章 有効なツールはどんどん使え！

ツールは使い方次第で強力な武器になる

第5章

期限に対応する有効な段取りを考える

ムダな時間の使い方をいかになくすか

第6章 集中力の高い時間帯をフル活用!

調子の良いときにどんどんやる!

第7章

能率を向上させる心と身体を持て！

フレキシブルな頭脳と柔軟性を養う

カバーデザイン：藤瀬和敏
本文レイアウト：藤本いづみ
写真：アフロ（Aflo）

第1章

常に工夫・改善する意識を持て！

「時間＝コスト」思考を実践するために

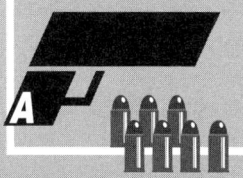

1 仕事の進行に関するシミュレーションをせよ！

何事も成功に導くためには、その進行をより潤滑、且つ効率的に進めるためのシミュレーションをしなければならない。しかも、それは的確であることが大前提だ。

端的に言うと、「明日はこのように行って、この問題に関しては誰々の協力を得て……結果はこうなる」というように、細部にまで渡ってシミュレートをするのだ。スポーツ選手が実践しているイメージトレーニングに近いかもしれない。

「終わったときが仕事の終わり」――。こうした成りゆき主義では、決して良い結果を生み出すことはできない。明らかに「時間をムダに使っている」と言わざるを得ないだろう。

私の知人に「2カ月で完成させる」という約束のもとで任せた仕事を、3カ月が過ぎても完成させずに平然と済まし顔を決め込む人がいる。**仕事において、締め切り（納期）を守ることは絶対だ。**にもかかわらず、平然と約束を破るようでは、今後仕事を任すことはできない。

往々にして、経営が軌道に乗っていない会社には、こういう社員が多く、仕事のクオリティもすこぶる低い。そんな会社は、いずれ〝倒産〟の憂き目に遭うことは明白だ。

仕事の流れのシミュレーション

１日の仕事のシミュレーション

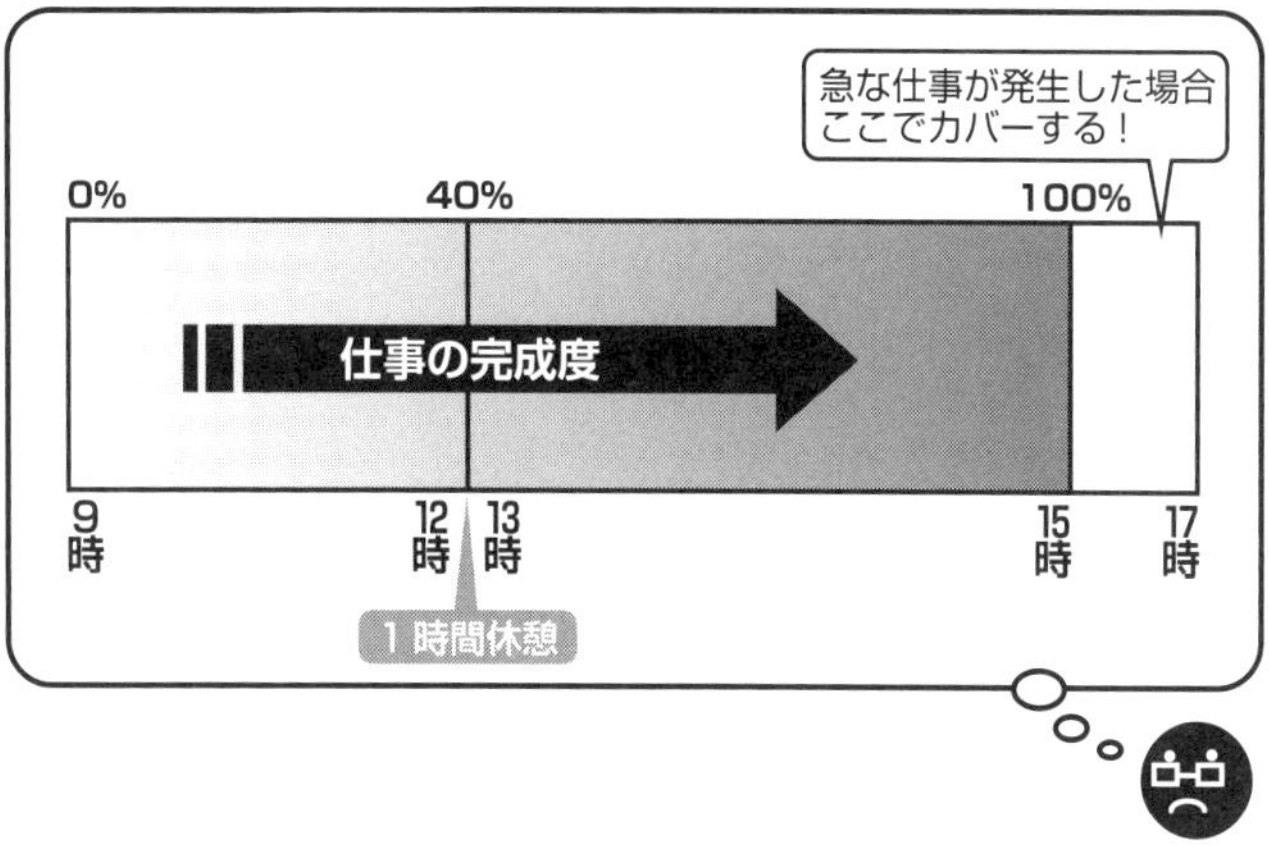

実際の仕事の流れの一例

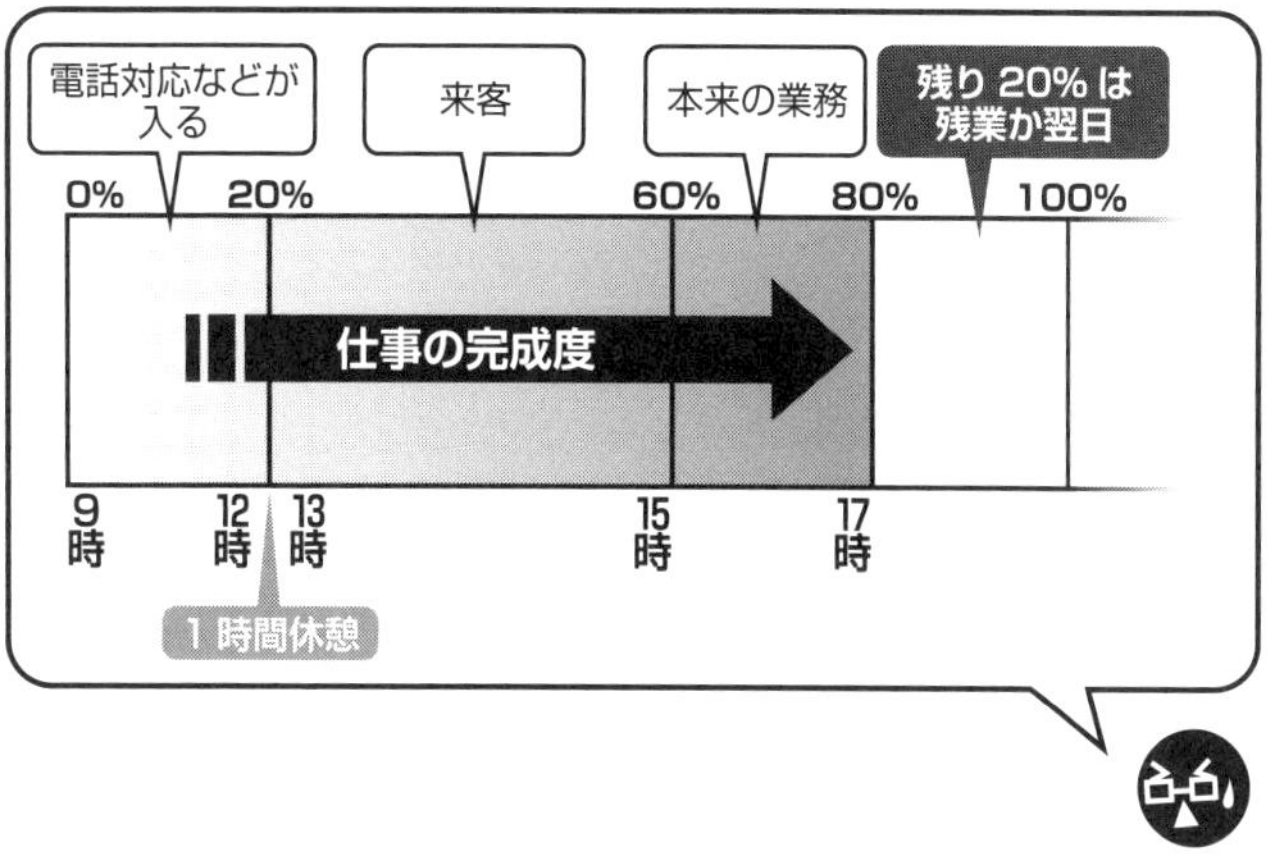

「商いは、高利を取らず、正直に、よきものを売れ、末は繁盛」――。

これは現在は閉店して存在しないが、かつて日本を代表する老舗百貨店の1つであった『白木屋』の家訓である。この家訓は、仕事は相手あってのことだから、相手にプラスをもたらす姿勢が大事であることを切々と説いている。

仕事のシミュレーションも、ここを原点につくらなければならない。

ところが、自分のことしか考えていない自己中心的な人は、仕事もいきあたりばったりで、相手のことなどはお構いナシ。自分が今何をしなければならないのかをわかっていない。

たとえば、上司から仕事の現時点での進捗状況を聞かれても、具体的に仕事が進んでいないのに「今やっている最中です」などと、その場しのぎの返答でごまかす。

はっきり言って、このような社員は、会社にとって負の財産以外のなにものでもない。

しかし、ふたを開けてみると……企業のなかでの〝ナアナア主義〟で温存されている実情がある。とかく日本の職場は「時間の有効活用」に対する考え方が甘い！　ゆえに、日本人の働く時間はダラダラと長く、効率的ではない。結果、ムダな残業をするハメになっている。

ＩＬＯＳＴＡＴの資料（２０１３年）によると、日本は週あたり労働時間における49時間以上の労働者比率が、先進国のなかでは韓国に次いで高い。労働時間が長いのであれば、さぞかし生産性も高いのだろうと思いがちだが、じつはそうでもないのだ。要するに働いている時間だけは長いが、その中身は薄いのである。

日本の技術は、先進国のなかでもトップレベルだ。にもかかわらず、労働時間がムダに長いということは、「日本人は時間の使い方が下手である」とも言えるだろう。

「働くときは働き、遊ぶときは遊ぶという意識が薄く、会社になんとなく長時間いる」こういう悪しき風土が根づいているわけだが、グローバル化時代では通用しない。

弱き者が淘汰される競争社会をしぶとく生き抜くためには、「働くときは、限られた時間を有効に使って、且つ具体的な成果を確実に出す」という意識を持ち、そのための習慣を身につけなければならない。そういう仕事をするためにも有効なシミュレーションが不可欠なのだ。

「時間＝コスト」――会社はもとより、そこで働く社員も、もっと時間を有効活用する意識を持って欲しい。でなければ……双方に明るい未来はない！

一般的には、仕事の効率が一番上がる時間帯は「午前9時〜11時まで」と言われている。この時間内でどれだけの仕事をこなすかが肝心だ。次に効率が上がる時間帯は「昼食後の午後1時〜3時くらいまで」で、その後は疲れが出てくるので下がる傾向になる。

そこで、疲れが出はじめる午後3時以降は予備の時間にする。打ち合わせや電話連絡・取引先へのアプローチ・資料調べ……などといったような仕事をして、明日の仕事の効率を上げる準備にあてるのがベストのやり方である。

しかし、そのようなことは理想に近いのが実情ではないだろうか。

せっかく仕事が軌道に乗っているにもかかわらず、予期せぬ電話が入ったり、上司からの指示があったり、突然の来客があるケースも。結果、予定した仕事が終わらないで、残業になるか翌日に持ち越しになる。**日本の企業で残業が多い背景には「効率が上がる時間帯を有効活用していないからだ」とも言えるだろう。**

欧米諸国の実情と比較すると、顕著だ。

とくに大学時代の過ごし方から、その〝兆候〟が見受けられる。日本人の場合、苦労して入学しても、その反動からか、遊ぶだけで終わる（そうでない人もいるが……）。つまり厳しい時間管理などしなくとも卒業できてしまう。この悪弊が企業に入っても抜け切れず、ナアナア主義で仕事が行われ、勤務時間におしゃべりや私用メールが横行することになる。

外回りの仕事になれば、いったい何をしているのかは誰にもわからない。ゆえに、「外回り」と称して、勤務時間中にパチンコ・競馬・競艇などに興じているトンデモ社員も多いと聞く。

これでは労働時間がいくらあっても仕事は進まない。本当にビジネスパーソンとして頭角を現したかったら、自分の行動に自信を持てる時間の使い方や働きのリズムを構築すべきだ。

仕事の効率が上がる時間帯を知る

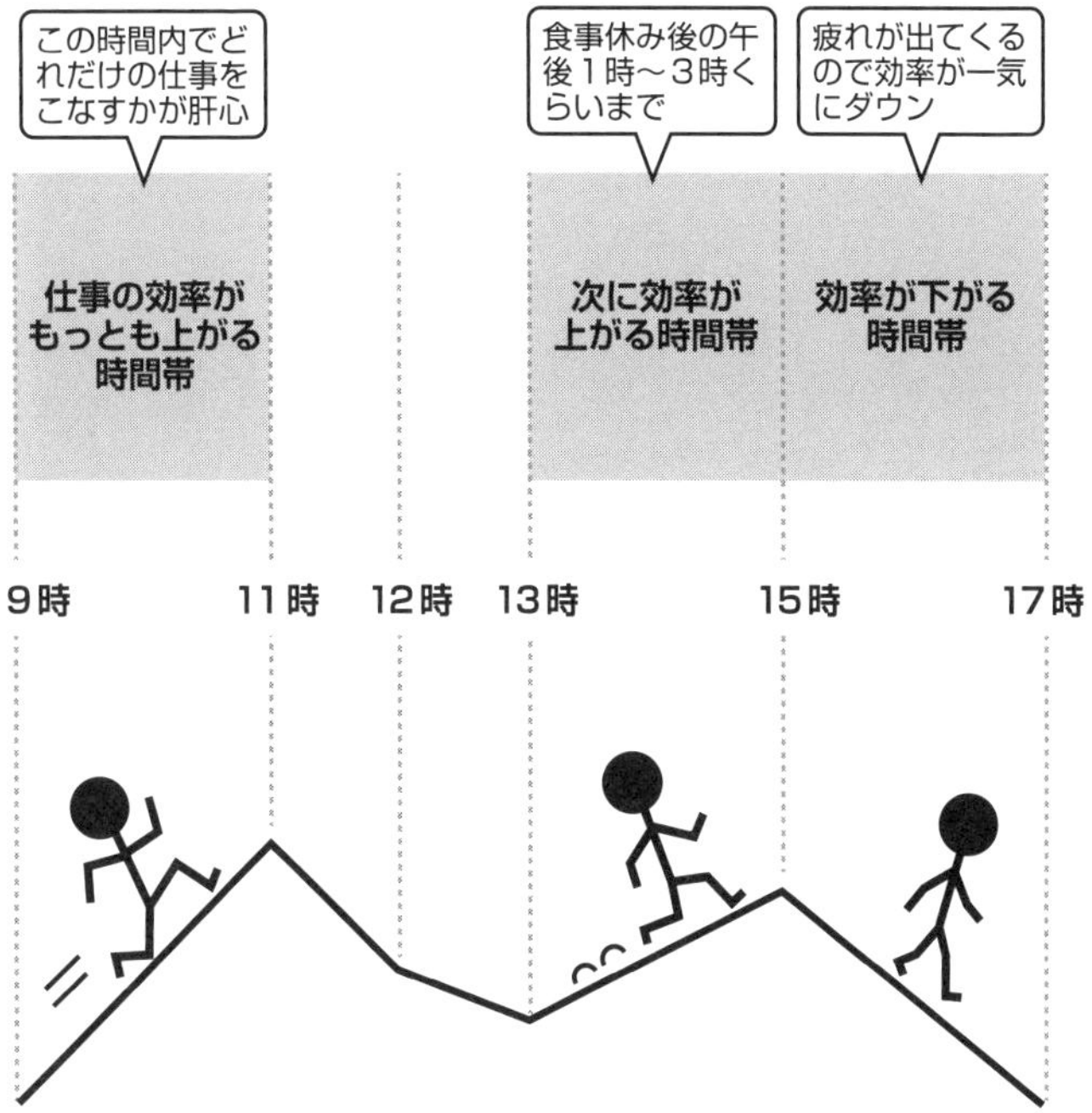

Point

仕事の効率が上がる時間帯を知り、それに合わせて行うべき仕事の分担をする。これができるビジネスパーソンだ!!

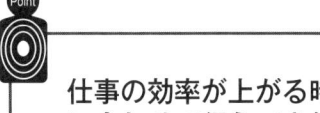

2 勤務時間の使い方に〝革命〟を起こせ！

ここで以下に列挙した項目をチェックしてもらいたい。

もし、３つ以上あれば、あなたの仕事は「極めて手順が悪く、非効率だ」と言わざるを得ないだろう。その欠点を改善しない限りは、時間を有効に活用することができず、「要領が悪い」「仕事ができない」といった〝不名誉なレッテル〟を貼られてしまうことにもなる。

□朝出社してきたら、まず机の上のさがしものからはじまる
□いつも仕事は思いついたことからはじめる
□決して予定等を記したノート（手帳）は持たない
□何かアクシデントがあると、本来の仕事はそっちのけで没頭する
□明日やれば済むことでも、気が向けば今の仕事を投げ捨ててでも行ってしまう
□上司への「報連相（報告・連絡・相談）」が疎かで、大きなミスが多い
□時間にルーズで、いつも直前であわてるためにトラブルが絶えない

仮にすべての項目が該当するような人は、ビジネスパーソンとしての将来はない。それを避けたいならば、仕事の手順に関する最適なシミュレーションを、今すぐに考えて欲しい。

1日にやらなければならない仕事は、おおよそわかっているはずだ。大切なことは、どうしても今日中にやらなければならない仕事は何か、つまりは仕事の優先順位をきちんと決めて、それを着実に実行することである。

なお、朝出社後に提出するような報告書やレポートなどは、その場で考えるのではなく、「前日の空き時間に考えておく」「朝の通勤時に考えだけでもまとめておく」と有効だ。

なかでもオススメしたいのが、「朝目覚めてからの3時間」の使い方である。

この時間帯は、「考える」「発想する」という行為の基幹である脳の状態がもっとも良く、ビジネスで成功を収めている人の多くは、上手く活用している。朝、起きたばかりの脳は、入手した記憶が一度リセットされ、新たな情報を受け入れる準備もできている。つまり朝一番の脳の状態は、「前日の疲れやストレスがキレイにリセットされた状態だ」と言えるだろう。

脳がこのような状態であれば、脳と密接な関係にある心もポジティブな状態になるものだ。

脳も心も最高の状態なのだから、出てくる考えやアイデアも前向きなものであったり、より具体的で核心を突いたものであったりする。それを即座にメモをして、出社後に一気にパソコンを使って完成させれば、一丁あがりだ。

ここで、1日のなかでどのように仕事をすれば最適かを考えてみよう。以下に列挙したような6つの仕事の要素がある場合、基本的な手順は①～⑥の流れになるだろう。

①電話でアポイントメントを取る
②報告書・企画書など、必要な書類の作成・提出
③取引先やクライアントとの打ち合わせ
④書類のチェック
⑤手紙やメールの返信
⑥予備の仕事

たとえば、アポイントメントが取れなければ、1日の行動が決まらない。ゆえに、何はともあれ朝一番に取るのが最適だ。相手が外出してしまうと連絡を待つロスが出る。

報告書・企画書などは、次の仕事の内容だが、これも早く上司からOKの返事をもらうために、できるだけ早く作成して提出すべきだ。そうしないとムダな時間を過ごすことになる。

それ以外は、状況に応じて空き時間を活用すれば良いだろう。多少の前後は否めないが、これらの手順がメチャクチャになると、あなたの仕事は半分も進まない。

日本のサラリーマンは残業が減らない!!

労働者１人平均年間総実労働時間の推移

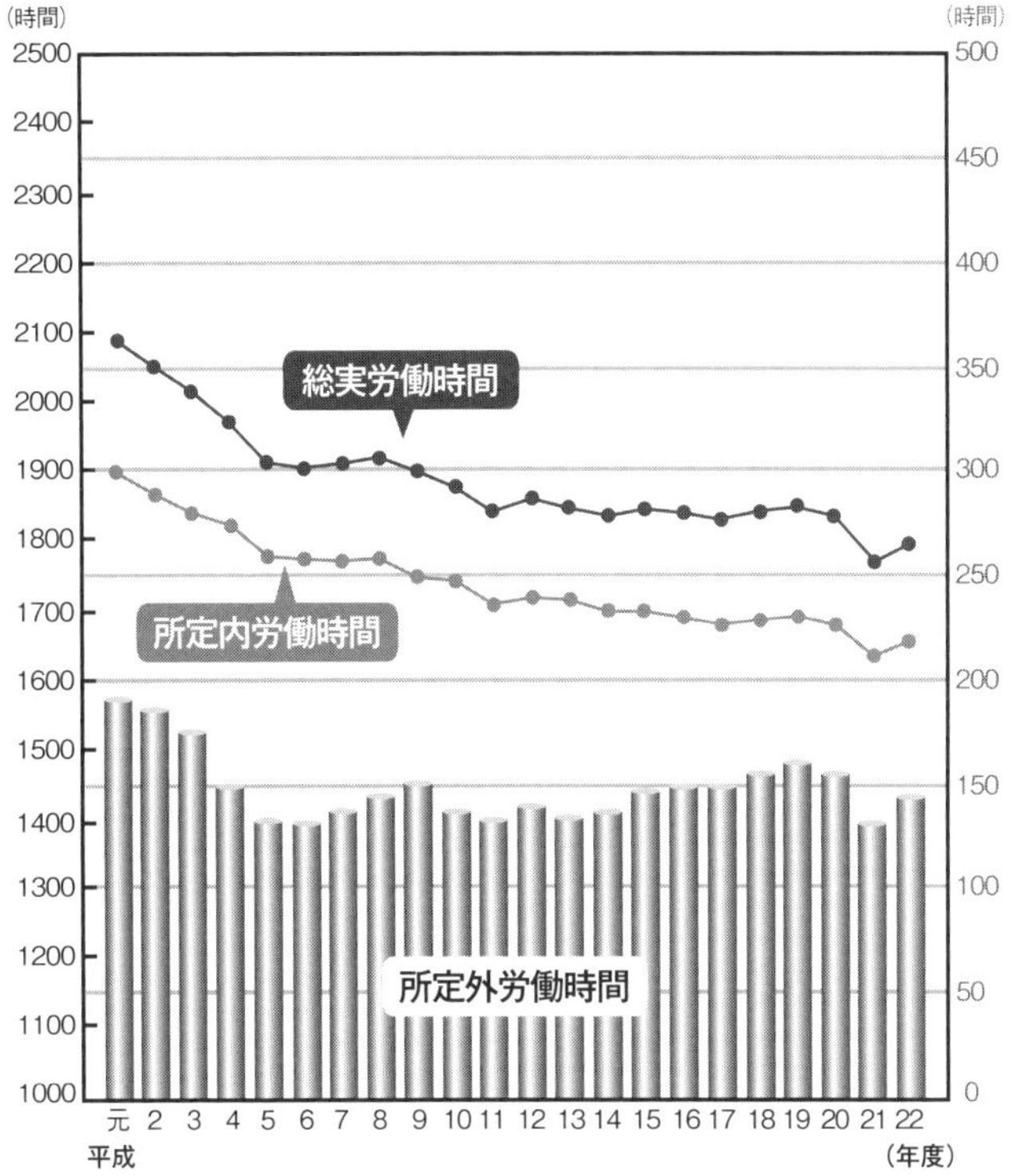

(注) 1: 事業所規模 30人以上
2: 数値は、年度平均月間値を 12倍し、小数点以下第１位を四捨五入したもの
3: 所定外労働時間は、総実労働時間から所定内労働時間を引いて求めた

資料出所：厚生労働省「毎月勤労統計調査」

前ページに厚生労働省が調査し、発表している統計データを掲載した。

これは、日本の「所定内労働時間」と「所定外労働時間」の調査結果である。

この統計データを見ると、日本の残業、ならびに休日出勤の傾向が見て取れる。不思議なのは「所定内労働時間」は、パートタイム労働者の比率が高まったことなどが要因となって、年々減少しているにもかかわらず、残業時間は大きく減っていない点だ（※ただし、平成20年・21年はリーマンショックの影響を受けて残業時間は大幅に減少している）。

日本のビジネスパーソンが、いかに時間管理や仕事の集中度・手順・段取りが悪いかを如実に表している。つまり時間の効率化や仕事のスピード化が図られていないから、残業はいつまで経っても減らないのだ。

こうした背景には、「所定内労働時間と実質的な仕事量の関係が不適切」という指摘もあるだろう。残業時間を確保して給与の目減りを減らそうとする動きもあるだろうが、一概にそうとも言い切れない。日本のビジネスパーソンの大多数が「残業は当たり前」という意識から、未だ脱していないからだ。

これではいつになっても、自分の時間をつくり出して、さらにクオリティの高い仕事をするための充電は不可能だろう。また、統計データから察するに、日本のビジネスパーソンの勤務態度も、企業の時間管理も、「まだまだである」という感がぬぐえない。

「タイム・イズ・マネー」――。つまりは「時間＝コスト」という意識を持たない限りは、日本企業の生産性は良くならないし、国際競争力からも間違いなく遅れを取る。

もし今、あなたが最適な仕事の手順を設定し、それをきちんと実践しているならば、残業は極端に減るはずだ。

もちろん、このような意識は自分一人だけが持つのではなく、部下にも徹底すべきだし、仮に上司がマンネリでも、自分は時間を有効に使い、余分な残業はしないようにしないと、これからの時代を勝ち抜くことはできない。

時間を有効に使える人が増えないと、会社の未来もないことになる。

さらに突き詰めて言えば、勤務時間の使い方に〝革命〟を起こさなければ、個人のみならず、企業としての屋台骨を揺るがすことにもなりかねないだろう。

3 時間は分散しながら効率的に使う

ビジネスパーソンには、いろいろなタイプが存在する。

なかでもよく見られるのが、「何か1つのことを手掛けると、それ以外のことはいっさい受けつけられない」という一点集中型だ。要は、様々なことを同時に進行できない（連動しながら行えない）タイプの人である。こういう人は、仕事の手順が悪い。

私たちの職場では、それは許されない。自分一人だけが書斎にこもるわけにはいかないのだ。とはいえ、ある面では、**会社は自分の仕事に没頭できないようになっているのも事実**である。

①上司からの指示
②部内への連絡
③外部からの電話や来客
④部下や後輩の指導・教育
⑤トラブルへの対応・処理

これができるビジネスパーソンの姿だ!!

あらゆる仕事をこなしながらも、本来の
自分の仕事は期日までにきちんと仕上げる

ところが、できるビジネスパーソンは、こういう仕事をいとも簡単にやってのけ、本来の自分の仕事もきちんと仕上げる。自分の仕事をいかに上手にやるかは、ある面では、こういう仕事をこなしながらも自分の本来の業務も完遂するということでなければならない。

「今日は別の仕事に追われていたので……」

「ちょっと抜けられない用事が入ったので……」

などと言い訳を並べて、平気で仕事を遅らせているビジネスパーソンが多い。

これでは、必ず評価はマイナス点だ。やがては「使えないヤツ」ということで、リストラ、もしくは退職を目的とした配置転換などの処遇を受けることになるだろう。

誰が悪いわけでもない。自分の仕事に対する意識の欠如が不幸な結果を招くのだ。厳しいようだが、現実のビジネス社会では、至極当たり前のことであると肝に銘じておいて欲しい。

仕事では、手順と同時に「気合い」というものも、ときとして大切だ。「あの人は忙しそうで近寄れない」というような雰囲気を醸し出していれば、余分な雑務や雑用は近寄ってこないものだ。逆に「あの人は暇そうだ」というような雰囲気の人のところには、同じような暇な人（実際にはなまけ者だが）が近寄ってくる。望んでもいない仕事を回されるものだ。

４ 自分の仕事の進捗状況は常にチェックする

日々の仕事が予定通りに進むならば、それに越したことはない。だが、そのような状態はまずないに等しいだろう。とかく他人に自分の仕事の時間を奪われたり、上司から無理難題を押しつけられて邪魔されがちだ。自分の意に反して……。

職場というものは、仕事の場であるはずなのに邪魔が多いのである。

こうした事態は極力排除すべきだし、それができるか否かが「ビジネスパーソンとしての実力が試される」と言っても過言ではない。

１日の仕事、１週間の仕事、それぞれの仕事には「集中するタイミング」というものがあるはずだ。そのときには、電話も来客もすべて〝シャットアウト〟するくらいの強い意思や姿勢を打ち出さなければならない。

私の知人の１人は、仕事に集中するために、喫茶店に逃げ出したり、特別の部屋を取ったりする。会社の社内ルールによって許される範囲はあるにしろ、これくらいのシビアさがないと、仕事はまともに進まない。結果、時間外になってから本来の仕事をするハメになるわけだ。

すでに指摘したように、日本の企業で残業時間が相変わらず減らない要因には、一面では「多くの人が働く時間には働けず、時間外になってから身が入るというような環境を自らつくり出しているからだ」とも言える。

なかには、「あまり早く家に帰ると妻に嫌味を言われる」という人もいるが、語学スクールや趣味の教室・スポーツジムに通う……など、アフターファイブの有意義な過ごし方はいくらでもあるだろう。大切なことは、会社でムダに長い時間を掛けてダラダラと仕事をやらないことだ。でなければ、新しい活力もアイデアも生まれないし、視野も広がらない。

「残業をなくして、アフターファイブは自分自身のための時間にする必要がある」——。

こういうメリハリを意識的につけないと、いつまでもダラダラと仕事をするハメになる。仕事だけでなく、日常生活も無気力な面白味のないものになってしまうだろう。

朝出社したら、やるべきことはサッサと片づけて、本来の仕事に集中する。仕事はさらに細分化して目標を設定し、「○△は何時までに終了させる」というように、制限時間を決めて仕事に取り掛かるのが一番効率が上がる。

いきあたりばったりでやっていると、次第に時間的な余裕がなくなるものだ。1週間のスケジュールならば、曜日によってやることをあらかじめ決めておけば、少なくともいきあたりばったりでやるよりは効率が良いはずである。

スケジュール通りに仕事が進んでいるか？

１日のスケジュール

時刻	１日のスケジュール
9:00	・A 社に電話を入れる・前日の最終売上を確認 ・報告書を書く
10:00	・S 社課長来社。商談の条件を煮詰める
11:00	・会議
13:00	・書類のチェック＆作成
14:00	・T 社との打ち合わせに出掛ける
⋮	⋮

１週間のスケジュール

曜日	月	火	水	木	金	土	日
午前							
午後							

5 仕事の進行は分単位で行う姿勢が大切！

私たちの仕事から「時間泥棒」を排除するためには、自分の時間を分単位で活用するくらいの姿勢を徹底しないと、なかなか上手くいかない。自分の仕事の進行が非常に緊迫していれば、ムダなおしゃべりや私用メールは無意識のうちに追い出すことができる。

たとえば、きちんとした会社の社長には秘書がいて、時間管理を行っている。緊急時には、それをさらに細分化する。忙しい人は、それくらいの厳しいスケジュール管理をしないと、とてもじゃないが予定している仕事は終わらない。

そういう人は、たとえ来客中に電話が入っても、余程の緊急な内容でもない限りは、電話には出ない。間違っても仕事とは関係ない世間話を話し込むことは、絶対にしない。

ビジネスパーソンは、やたらに電話などで仕事を邪魔されないように、「ある一定の時間は電話は断る」というような態勢にしておくことが肝要だ。 もちろん、こちらが必要な電話は、待っていないで自分から掛けて処理する。

ビジネスパーソンは、井戸端会議が大好きなおしゃべりオバサンであってはならない。

Ａランクの評価を得るために必要な要素

ビジネスでの電話は、用件が済んだら、世間話は早めに切り上げることだ。暇な相手にいちいちつき合っていられるほど、ビジネス社会は甘くはない！

時間管理をきちんとやるには、ある面で〝ドライ〟な考え方を持つ必要がある。でなければ、あらかじめ決めた時間の予定にしたがって、スムーズに仕事をこなしていくことは不可能だからだ。もちろん、そういう事態を見込んで早め早めに仕事を先行させれば、「余裕時間」というものが生じるから、いきなり予期せぬ電話があっても、来訪者があっても、適切な対応ができるだろう。仕事の進行にも大きな影響を及ぼさない。

最悪なのは、仕事が常に遅れがちな人の場合だ。

いつもギリギリか、遅れて仕事をしているので、突然の来客などがあるとますます遅れる。これでは誰からも信用されることはない。会社からの評価も低い。仕事の遅れの理由を問われると、言い訳に終始するようになる。こうなったら……もうオシマイだ。

時間の使い方や仕事の手順が悪ければ、たとえ能力があっても役には立たない。

ビジネスには、必ず締め切り（納期）というものがある。それをきちんと守れないで、いつも文句を言っているような人は、しょせんは仕事ができない人なのである。

6 いかなる状況にも上手く対応できるか

職種にもよるが、ビジネス社会では本人の意思に関係なく、予定外の仕事が舞い込んでくることもしばしば。「冗談じゃない！」と叫びたくなる気持ちは、よくわかる。

しかし一方では、どんなにたくさんの仕事が押し寄せても、涼しい顔でスイスイこなしている人もいる。いったい、どこが違うのか――。

端的に言えば、仕事の手際が良いのである。1つの仕事に取り掛かると周りが見えなくなったり、ムダな時間を掛ける人にできる仕事量は、たかが知れている。

優先事項を決めて、スケジュール通りにこなし、つくり出した「余裕時間」で何をするかが決まっていないと、仕事はたまる一方で、身も心も疲れ切ってしまう。やらなければならない仕事が山積みになってくると、ますます仕事は遅れるし、心も焦る。おまけに上司や取引先からの苦情が津波のように押し寄せ、頭のなかがパニック状態になってしまう……。

それでも、意に介さないような心の強い（？）人ならば良いが、気の小さい人は、追いつめられると精神的にまいってしまって、ある日突然に会社に来なくなることもある。

このような最悪の事態に陥らないためには、自分に押し寄せてきている仕事を、きちんとメモをしておき、解決した順からチェックしておくことが肝要だ。そうすることで、焦りや不安は消え、計画通りに仕事が進むようになる。ストレスがたまることもない。

世の中には、最低限やらなければならないことをしないがために、いつも大きなミスをして、会社に迷惑を掛けてしまう人がいる。

私が出会った某大手のハウスメーカーの担当者は、ただ聞いているだけで、手帳というものを持たない。だから、10のうち4つくらいはやるが……あとは忘れてしまう。それがじつは大変重要なことで、ほかの人に多大な迷惑を掛けている。おまけに大きな仕事を忘れていて、ユーザーに怒鳴り込まれることもしばしば。その見返りに余分な仕事をやらされ、代金も請求できない。これではなんのために仕事をしているのかがわからない。

実際のビジネス場面では、予期せぬ様々な事態に遭遇する。であるならば、メモや情報の蓄積は仕事の手順を決めていくうえで、絶対に身につけておくべき習慣のはずだ。

ところが、こういう基本的なことができない人が多い。時間を有効に使うということは、とりもなおさず、やらなければならないことを最適なタイミングでやっていくことである。

あなたは仕事を手際良くこなせるタイプか？

- □ メモをする習慣がある
- □ スケジュールを立てる習慣がある
- □ 上司から指示があっても、その内容によって仕事の優先順位を決めることができる
- □ 得意先回りをするとき、１カ所で時間を取られないように時間配分を考えている
- □ クレームが来た場合は、その処理を最優先
- □ ミスをしたときは、その原因を必ず調べる
- □ 簡単な報告書やハガキなどは、電車などの移動時間を利用して書く
- □ 当日の仕事が早く終わったときは、翌日の仕事を繰り上げている

6個以上該当する人は、ムダにしている時間が少ない。
3～4個ならば、時間を有効に使うための意識改革を今すぐ実行しよう!!

7 同じ仕事の連続は効率が上がらない

仕事ができる・できないに関係なく、作業に集中できる時間には限界がある。

そのうえで大切なのは、適当に仕事の内容を分散し、気分転換を上手く図りながら、本来やるべき仕事の効率を上げることだ。そのためには、大切な仕事の間に気楽な仕事をはさむことである。それによって同じ仕事を続けることで生じる疲れが軽減される。結果として、仕事のクオリティは極めて良くなってくる。

あなたも同じ仕事を長時間やることで集中力がなくなり、効率が上がらなかったり、思わぬミスをしたという苦い経験があるはずだ。「それは何から来るか」と言えば、頭の疲れからだ。酸素欠乏というか、頭のなかに悪い血がたまり、頭の回転が上手くいかないのだ。

運動で言えば、足腰の使いすぎによる筋肉疲労で動かなくなった状況である。こんな状況下でいくら仕事を続けても、良い結果は生まれない。そんなときは、ほかの筋肉を使うような気持ちで、まったく違った作業を間に入れてみると良い。これで頭がリフレッシュされてから、また大切な仕事に戻れば良いのである。

最優先の仕事中でも、同時にそれに関連するような細々とした仕事もやっておかないと、中身の濃い仕事はできないものである。

だから1日のなかで、様々な仕事を用意しておき、次元の違ったものを行うことで、常に新鮮な状況で仕事ができる。

「小さな仕事だから」といってバカにすると、それが後々大きく影響してくる。

仕事は連続しているものだし、毎日の積み重ねがないと上手くいかない。一朝一夕でできる仕事など、そうあるものではない。毎日の積み重ねの仕事のなかでヒット商品が生まれたり、今まで取引してくれなかった会社から声が掛かってきたりするものだ。

物事は簡単にあきらめたり、決めつけたりしてはならない。

いついかなる状況で、突然に局面が変わるかは誰にもわからない。常に全力投球していくならば、必ず良い方向に動いていく——これがビジネスの世界の法則なのである。

どんな短い時期でも、簡単な仕事でも、ないがしろにしてはいけない。一つひとつの仕事は会社が必要としているからあるのであって、それを規則正しく行っていくことで、会社の経営も成り立つのである。

8 仕事の進捗状況は確実にチェックする

仕事には、必ず締め切り（納期）が設けられている。その期限までに終わらせれば問題ないのだが、往々にして、期限ギリギリに合わせて仕事をフィニッシュしようとすれば、必ず遅れるものである。たとえ「スケジュール通りやれば必ず終わる」という見通しがあっても、どこかで否が応にも中断しなければならないことも多い。

だから、「期限までにやれば良し！」などと悠長に構えていると、締め切り（納期）直前で大あわてすることになる。それでも無事に終われば良いのだが、だいたいは遅れるものだ。

そこで、**自分が関わっている仕事、もしくは部下が行っている仕事は、進捗状況を常にチェックしておくことが大切になってくる。**

仕事の進捗状況は、その難易度やスタート時など、様々な理由で予定通りに進まないことも多々ある。仮に完了が遅れそうであったり、著しく進行が遅いときには、部内のほかのメンバーに協力してもらうとか、ときには外部に委託（アウトソーシング）する部分を多くして、クオリティを落とすことなく、且つ期限を守ることに努めなければならない。

仕事の進捗状況を常に把握しておく

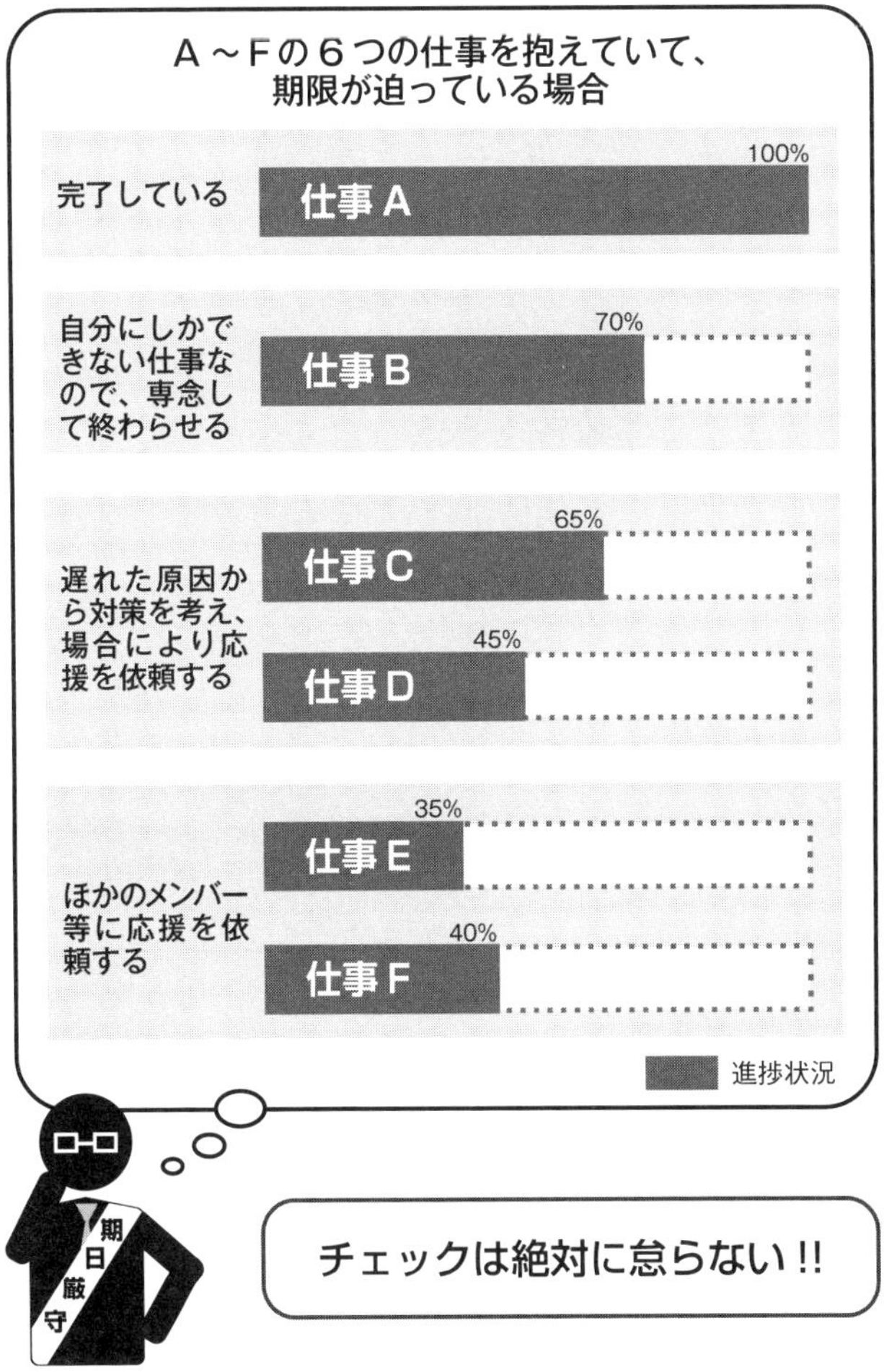
Ａ～Ｆの６つの仕事を抱えていて、
期限が迫っている場合
完了している
100%
仕事Ａ
自分にしかできない仕事なので、専念して終わらせる
70%
仕事Ｂ
遅れた原因から対策を考え、場合により応援を依頼する
65%
仕事Ｃ
45%
仕事Ｄ
ほかのメンバー等に応援を依頼する
35%
仕事Ｅ
40%
仕事Ｆ
進捗状況
期日厳守
チェックは絶対に怠らない!!

仕事というものは、社内事情・外部状況・本人の健康・個人的理由……など、阻害要因がけっこう存在することを認識しておいて欲しい。何事もつつがなく進行するほうが珍しいのだ。

それらを見越しながら、いかなる事情があろうとも「予定の期限を守る」ことが、ビジネスの世界では当たり前のように要求される。ゆえに、どんな不測の事態が起こったとしても、それに対して柔軟に対応できる考え方と手順、さらには迅速な行動力が必要になってくる。

これらが備わっていることが、時間管理で失敗しない基本である。また、それぞれの部署、さらには会社全体の体質を、このような方向に持っていく必要もあるだろう。

「限られた時間内に、求められるクオリティを伴った仕事をする」――。

これがすべてのビジネスパーソンに課せられた使命であり、できなければ、評価されることは、まずない。重要な仕事を任せられることもない。信用も得られない。

仕事のできない人とは、言い換えれば、時間や仕事の管理ができない人のことである。

ビジネス社会は厳しい競争の連続だ。油断をせずに、常に仕事のパートナーに対しても、喜んでもらえるような時間への厳しさを持ち、それを仕事に反映していかなければならない。

そのためにも、仕事の進捗状況のチェックを怠らないことが肝要だ。

成りゆき任せではダメなのである。

9 メールの使い方は一定のルールのもとで

今の時代、メールの存在はなくてはならないものになっている。外部の連絡はもちろん、社内間の連絡でも当然のように使われている。むしろ、メールを使っていない会社のほうが圧倒的に少ないだろう。

しかし、そのメールもむやみやたらと使っているようでは困る。それを使うための新たな仕事が増えることで時間が奪われ、本来の業務に支障を来していては本末転倒だ。

そこで**メールの使用にあたっては、受信や送信を確認したり、返信を出したりという仕事をきちんと会社組織でマニュアル化して、標準化しておくことが大切である。**

できるだけ簡略、且つ要領を得た内容での交信になるように、会社全体におけるマニュアル化を図るということだ。あまりくどい内容にすると、かえって時間のムダに結びつく。

じつは、メールの内容を見るだけでも、その人の仕事へのスタンスがよくわかる。長々と要領を得ない文章を送信してくる人もいれば、ビジネスライクに必要事項だけを送信してくる人もいる。ビジネスという視点では、当然、要領良く、且つ簡潔に用件を伝えるのが一番だ。

メールはあくまでも仕事をスムーズに進めるためのツールでなければならない。少なくともビジネス場面では〝メール遊び〟をしていてはダメだ。

仕事をしている間は、メールを気にしなくとも済むように、メールのための時間帯を設けて交信を行うようにしてもらいたい。

たとえば、1日のスケジュールのなかに組み込んでおけば、安心してやらなければならない仕事に邁進できるはずだ。仮に外出先でどうしてもデータが欲しいときには、その時点で特別に送信してもらえば良いだろう。

仕事の手順（システム）は、硬直化してはならないが、野放図になっても、これこれで困る。ルールはルールとして、きちんとしたものを構築し、必要に応じて臨機応変に改善・変更できるようにしておくのが上手な仕事のやり方である。

このような手順に基づいて、メールも有効活用すべきである。

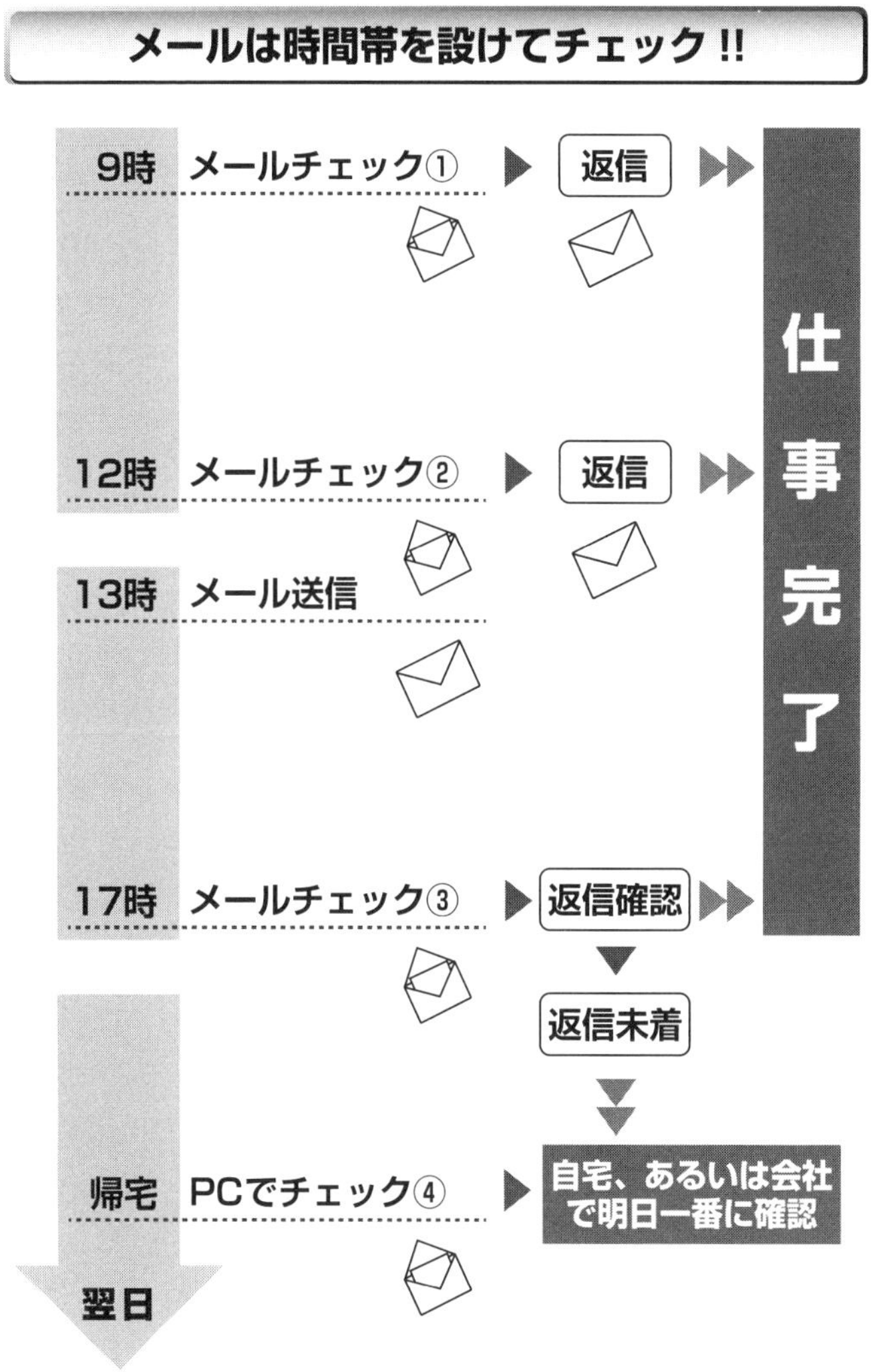
メールは時間帯を設けてチェック!!
9時　メールチェック①
返信
12時　メールチェック②
返信
13時　メール送信
17時　メールチェック③
返信確認
返信未着
仕事完了
帰宅　PCでチェック④
自宅、あるいは会社で明日一番に確認
翌日

10 情報収集を徹底化して最適な仕事をする

ビジネスを行ううえで大切なことは、ユーザーの役に立ち、結果として、会社に利益をもたらすような仕事をすることだ。

そのためには、今自分がやっている仕事が陳腐化したものであってはならない。

願わくは時代の波に乗っていくものでありたい。

さらに社会に貢献できるものであって欲しい。

じつは、これらは情報を収集することで可能になる。

「そんなに上手くいくだろうか……」

疑心暗鬼になる気持ちもわかるが、事実である。

私たちはあらゆるツテをたどりながら、あらゆる情報を入手にすることで、より確率の高い予測を立てて行動することができる。それによって時間を効率的に使うことができるようにもなる。それだけ的確な仕事のスケジュールをつくれるわけだ。

現代社会は、まさに情報の宝庫。必要な情報はいくらでも入手できる。情報が不足している人は、単に収集の努力を怠っているに過ぎない。ただし、仕事に関する情報は、明確な目的を持って探る必要がある。本当においしい情報は努力なくしては、なかなか入ってこないものだ。**有益な情報が欲しければ、機敏に行動する。フットワークを軽くして歩き回る。**その行動のなかで着実に集めた情報の一つひとつが価値のあるものであればあるほど、仕事のクオリティを高めることができるのだ。

世の中の動きというものは、あらゆる要因のもとで形成されている。固定観念で決めつけることは極めて危険であり、時間と資源の浪費になる。情報とは、ある面では固定観念を払拭してくれる可能性を持ち得ている。「情報収集の達人」と言われる人たちは、常に発想が柔軟である。そこに先見性もつちかわれる。

情報化時代のビジネスパーソンには、情報収集をして分析し、より間違いのない「未来予測」をする能力が求められる。情報は社内の各部署に集まってくる。取引先にもある。それらの情報をもとに、日々のビジネスの計画を練っていくことになる。そのためには、各部署の集めた情報を開示し合い、検討を加えながら的確に方向づけをしていかなければならない。

しかしそれだけでは、同じ業界内という狭い世界での判断になる。ビジネスのクオリティを高めるには、業界内だけにとどまるのではなく、広い視野での情報収集が必要だ。しかもできるだけ鮮度の良い情報が欲しい。

もちろん、「情報」という点では、インターネットやＳＮＳなどでリアルタイムに膨大な量を得ることが可能だ。それだけではなく、新聞や雑誌・テレビなどのメディアも活用できる。そのような表面化したものは案外軽視されがちだが、これも大切な情報源だ。

これらの様々な情報の組み合わせのなかで、最適な計画を立てて実行することができる。

それをやらないで、**単なる経験主義だけで押し通すとロクなことにはならない。いわゆる働き損・時間のムダづかいも多くなる。経験は大切だが、いつまでも金科玉条のごとく振り回すようでは、「柔軟な頭脳の持ち主」とは言えないだろう。**

情報１つで、大きなビジネスチャンスが生まれる。ベンチャービジネスの〝旗手〟と呼ばれる賢人たちが情報収集に貪欲になるのは、情報を収集・分析して生み出される付加価値の大切さを身にしみて感じているからだ。

情報は、まさにお金を生み出すエンジンなのだ。

あらゆるところから情報を収集し分析する

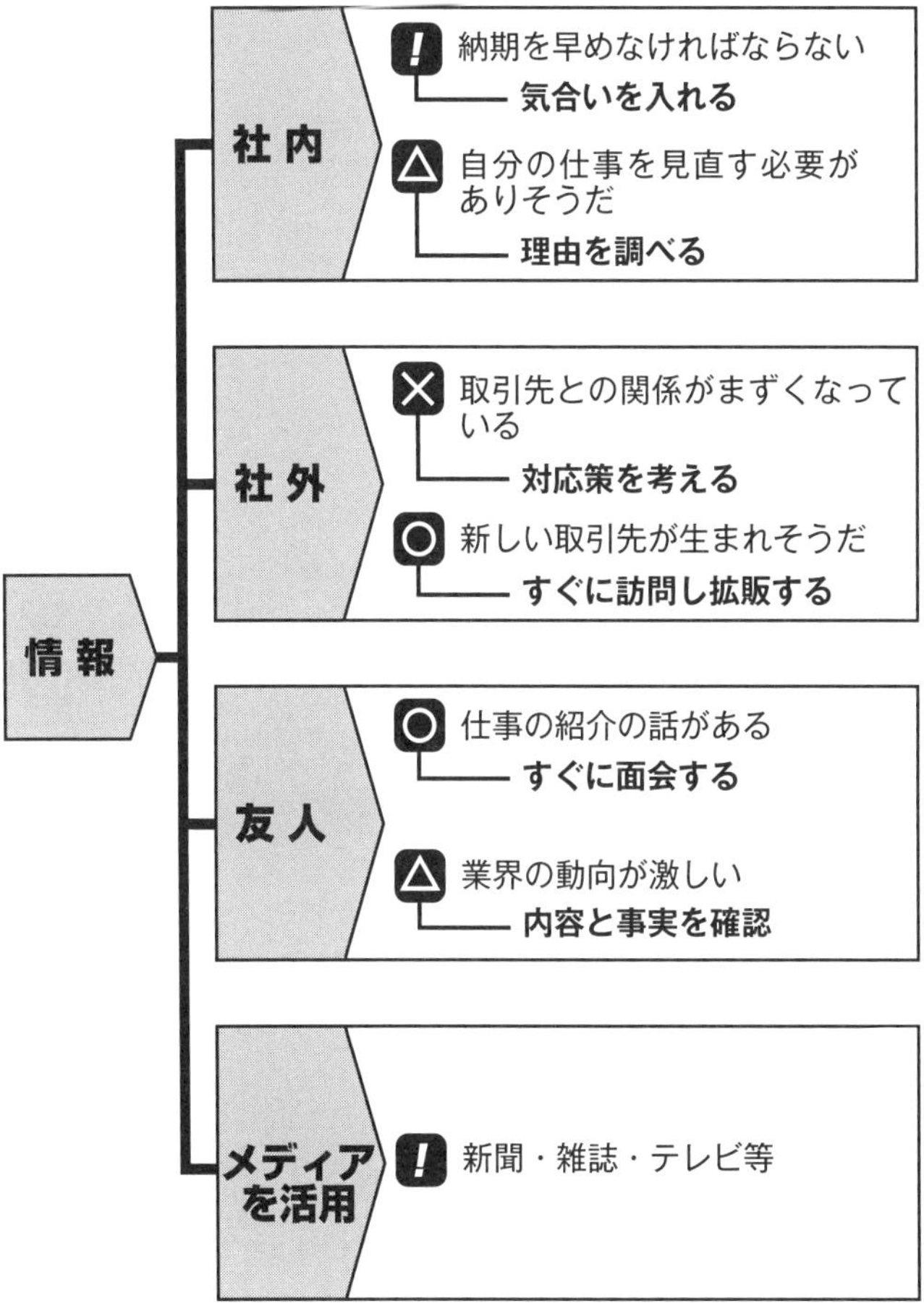

第2章

できるだけ短時間で仕上げるコツ

あらゆる方法でそれを成し遂げよ

1 仕事は自分のリズムに合わせて進める

仕事を効率良く、且つ短時間で行ううえで求められる要素を考えてみたい。とりあえず以下のような要素があれば、それなりに仕事はできるだろう。

①仕事に熟練している
②経験値が多い
③自分の専門分野である
④何回もたずさわったことがある
⑤その仕事が好きだ
⑥やってみるとおもしろい

一般的には、仕事は選べない。自分の意思に関係なく、様々な仕事を課される。「私には、その仕事はできません」とは言えないものだ。それでいて、それなりのスピードとクオリティ

身体のバイオリズムに耳を傾ける

1日のバイオリズムに合わせた仕事の進め方

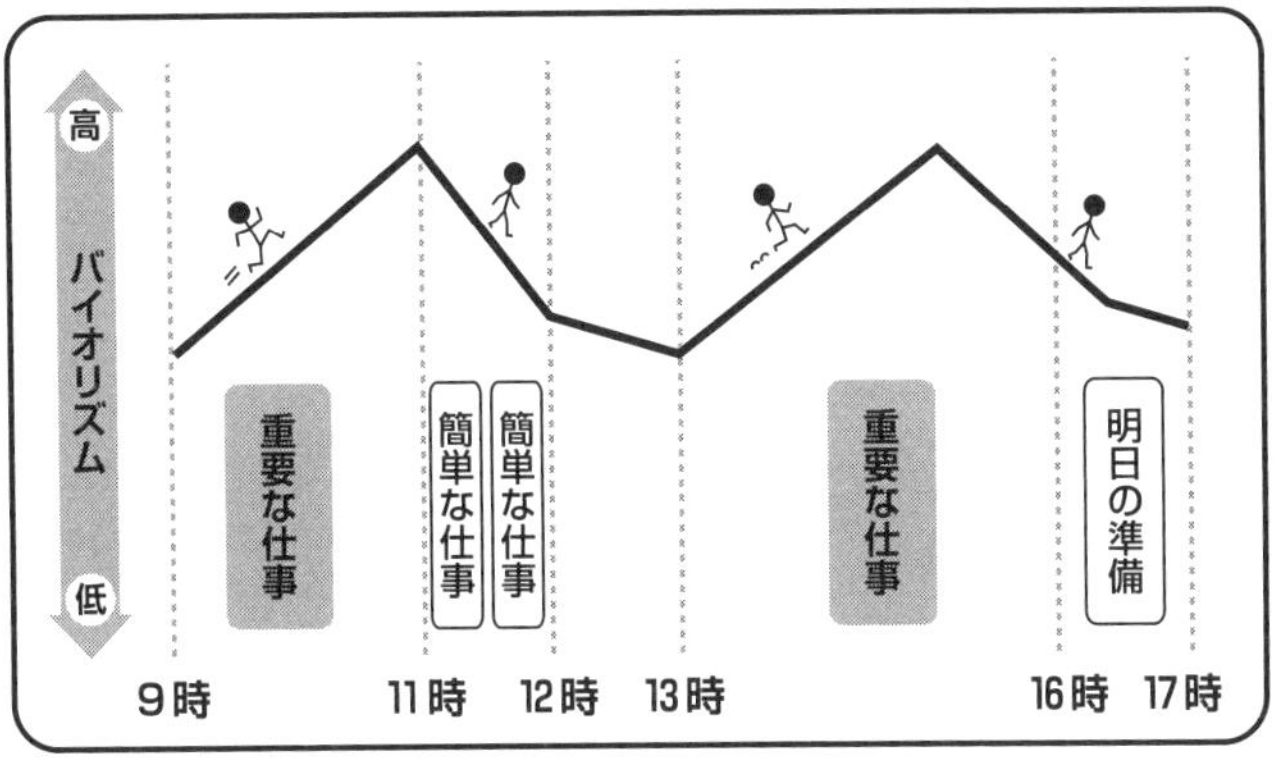

1カ月のバイオリズムに合わせた仕事の進め方

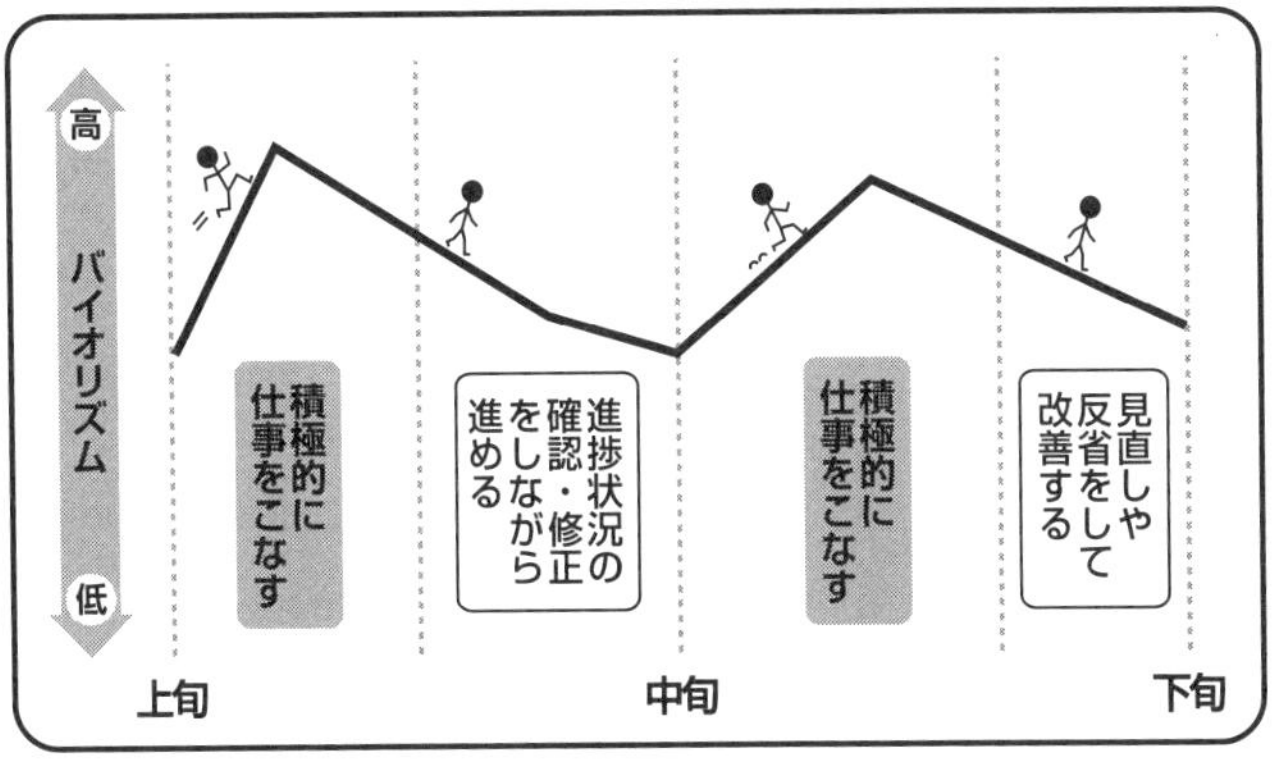

が要求される。自分に向いている仕事や得意とする仕事はできても、それ以外はまったくダメなようでは「できるビジネスパーソン」とは言えない。バランスが大切なのだ！

そこで、どんな仕事でもやる気があれば、あとは〝生理的〟に「自分の身体のバイオリズム」というものに耳を傾けて仕事をするのが一番だ。

人間には、1日・1カ月という単位で考えたときに、必ず「好調」「不調」の波がある。

スポーツ選手を見れば、よくわかるだろう。

たとえば、プロ野球のバッター。相手投手が手に負えないほどボコスカ打つ日があるかと思えば、さっぱり打てない日もある……これがいわゆる人間の身体のバイオリズムなのだ。

一般人の私たちにも、このバイオリズムがある。まさに山あり谷ありである。

積極的に仕事をして成果が上がるのは、山の状態時だ。 1日にもこのバイオリズムの時間帯がある。だいたいはまだ疲れを感じない午前中で、午後も休んだ直後は良いが、夕方になるにしたがって疲れが出はじめることで頭の回転が悪くなり、意欲も薄れていく。

こういうときは、明日の準備や整理整頓・メールの確認といった簡単な仕事にシフトチェンジするのが良い。なかには、「夕方にならないと馬力が出ない」という人もいるが、当然、残業をすることになる。こういう人は、そういうバイオリズムを自分で形成しているのだ。これでは困る。自分の努力でバイオリズムを直すことを考えて欲しい。

2 自分の時間のコストを考える

至極当たり前のことだが……会社に勤めている限りは、正社員・契約社員・アルバイト・パートタイムといった雇用形態に関係なく、時間あたりのコストで厳しく管理される。

年収を実働の勤務日で割ると1日あたり、さらに勤務時間で割ると1時間あたりのコストが出る。社会保険や労働保険などを含めると、さらにふくらむ。会社は、給与の額面をはるかに超えるコストを掛けて社員を雇っている。

最近は、**コスト意識が欠如している人は、間違いなくはじき飛ばされているのが実情だ。「稼がない人は必要ナシ」――これが企業のホンネだからだ。**

出社して適当に時間を潰していても、それなりに給料がもらえた時代は終わったのだ。まして時間的なロスの大きい人は、リストラ対象になる世の中なのだ。

たとえば、時給が６０００円の人が、ボーッとしている時間が2時間あれば、1日で1万２０００円、年間で２４０日働くとして、２８８万円のロスになる。

仕事で時間を有効に使うには、「このようなロスをしているのだ」という意識を持つことが大切である。それは会社のためのみならず、自分の将来にも大きくかかわってくる。

だからこそ、出社してきたらすぐに仕事に取り掛かれるように、前日にきちんと段取りをしておくことが肝要だ。ムダな時間が発生するということは、それだけ「仕事に対する意識が低い」と言わざるを得ないだろう。とかくそういう人には当事者意識もない。まして自分がどれだけの仕事をして、どれだけ稼ぐかなんて意識もサラサラない。

「仕事は、コストで動く」——。

この点をきちんと理解できていないと、手順も段取りも眼中になくなる。「とりあえず上司から指示されたとおりにやれば十分だ」と錯覚してしまう。

概して〝指示待ち人間〟のコストは高くつく。自発的な仕事ができないためにロスが多くなるのだ。時間だけをムダに使ってしまう典型例だ。

それでいて「俺はいつも忙しい……」などとボヤきながら毎日残業をしている。それは忙しいのではなく、時間の使い方が極めて場当たり的でしかないのだ。要は、自分のコストに見合うだけの仕事をしていない証拠でもある。

これでは時間がいくらあってもたりない。

働いていると見せかけている時間の多さのわりには、仕事は進んでいない。

はっきり言って、これからもっとも必要とされないビジネスパーソンの姿である。

時間のロスはコストが高くつく !!

35歳男性の例

年収	600万円
年間労働日数	240日
1日の労働時間	8時間
1日のロス時間	1時間
時間給	600万÷240日÷8時間 = **3125円**
年間ロスコスト	3125円×240日 = **75万円**

年間75万円も
コストをムダにしている

45歳男性の例

年収	1200万円
年間労働日数	240日
1日の労働時間	8時間
1日のロス時間	1時間
時間給	1200万÷240日÷8時間 = **6250円**
年間ロスコスト	6250円×240日 = **150万円**

これでは、リストラの対象になる！

3 仕事に追われるのではなく、追いかけろ

あなたの周りにも、仕事がいつも締め切り（納期）に間に合わずにあわてふためいている人もいれば、手際が良く、いつも涼しい顔をしている人もいるだろう。

そういう人を観察してみると、明らかに仕事に取り組む考え方や心構えに違いがあることに気づく。「期限が近づかないとやる気がしない」「期限ギリギリのほうが結果が良い」などと誇らしげに言っている人は、ほとんどが会社に迷惑を掛けているものだ。にもかかわらず、その事実にさえまったく気づかない。見方を変えれば「自分勝手だ」とも言える。

往々にして、仕事というものは予定通りにはいかないものだ。予期せぬハプニングがあって当たり前である。ゆえに、何事もあらかじめ予測して、早めに進行しておくことが大切なのだ。

たとえば、期限が今日の午前中の仕事があったとしよう。しかし出社したら、上司からの指示でほかの仕事をやらされるかもしれない。そうなってあわてなくても済むように、前日にやっておくくらいの心掛けを持って欲しい。

私は、翌日に渡す仕事は必ず前日のうちに終えている。これで翌日は余裕を持って挑める。

仕事は早め早めで追いかけろ！

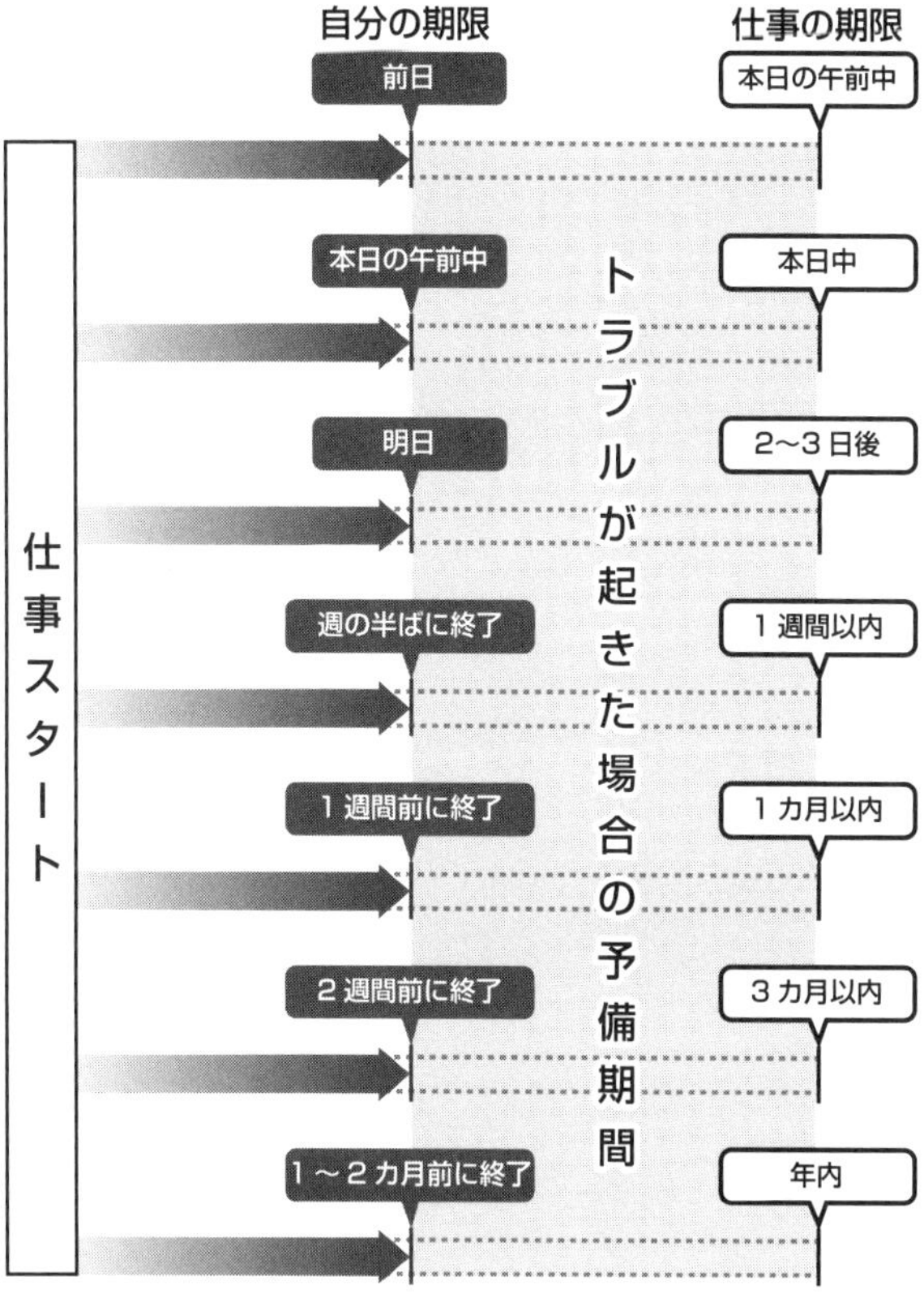

Point

トラブルが起こることを前提に、早め早めに進めることが基本だ!!

明日の仕事は今日中に、2〜3日後の仕事は前日までに、1カ月間の期限があるものは1週間前に、3カ月間あるものは最低でも2週間前に——。

少なくとも、このような意識で、早め早めに仕事をする姿勢が、ミスを防ぎ、心に余裕をもたらす。結果的には、仕事そのもののクオリティを高めることにもつながる。

概して「期限が近づかないとやる気がしない」という人に限って、期限どころか大幅に遅れるのが日常茶飯事だ。それでも一向に改めようとはしない。

挙げ句の果てには「俺には俺のやり方がある」と居直るから厄介だ。まったく周りが見えていないのだ。多くの人に迷惑を掛け、会社の名前を汚している罪悪感など、どこ吹く風だ。

早晩、リストラの対象になるだろう。

これからは、生き残りを賭けた戦いが激化する。期限通りに仕事をこなせない人は、それだけで失格の〝烙印〟を押されるだろう。そんな人がはびこっているような会社は滅びていくことになる。そのようなときに、相変わらず、ぬるま湯的な発想でダラダラとやっているようでは、たちまち敗者になってしまう。

あなたは今、そのような時代に生きていることを再認識すべきだ。

4 仕事はすべてを抱え込まない

「時間を有効に使い、期限を守る」――。

この点から言うならば、大切なことは「いかにしたら仕事がスムーズに運び、さらにコストに見合うか否か」という前提のもとに、役割の分担を考える必要があるということだ。

会社での仕事は、組織の一員としての仕事を担うということである。あまり良い表現ではないが、会社の経営方針に則って、歯車の１つとして確実に仕事をこなすことが求められる。

組織としての仕事は、「誰が何をやるのが最適か」ということを十分に考えながら、最適な環境と手順で進めていくことが大切なのだ。

仕事はそれぞれ専門化されているはずだから、自分がすべてを抱え込むことはない。それをすることで、時間面やクオリティ面で迷惑を掛けることになる。

仕事を抱え込む人の多くは、「人に任せては不安だ」という気持ちが根底にある。

「何が何でも俺が目を通さなければ……」

ある種の仕事に対する強い責任感があるから、必然的に仕事を抱え込むようになる。

最近では、それぞれの専門分野の仕事は、より専門的な人にそれなりの対価を支払い、より良いものをつくるアウトソーシングが盛んだが、そのほうが社員を使うより、クオリティ的にも、コスト的にも、メリットがあるケースも多い。

もちろん社内でも、自分がやる仕事と、ほかの人がやるほうが良い仕事とを区分して考えなければならない。そのバランス具合が重要なのだが、仕事を抱え込む人は、とにかくすべてを自分でやろうとする。だが、かえって組織としてはマイナスになる場合が多い。

そのためには、セクショナリズム・好き嫌い・自己主義・エゴイズムなどといったものは、いっさい排除して取り掛からなければならない。「衆知を集める」と言われるが、仕事を効率的に、且つスピーディーに行うためには、創意工夫が不可欠なのだ。

どんな仕事にも、必ず〝条件（制約）〟がある。量・質・期限・コスト・人の配置……。

これらの条件のもとで、いかに最適化を導き出し、満足できる仕事ができるかを常に考えなければ、効率的な仕事はできない。

ただし、様々な状況や条件を踏まえたうえでの柔軟性は大切だ。硬直した考え方では新しい価値を創造することは難しい。前提に「やる気」「工夫」というものがあって、はじめて物事は前向きに前進する。そういう姿勢がなければ、時間の有効な使い方の発想も生まれない。

仕事には柔軟性を持って取り組む

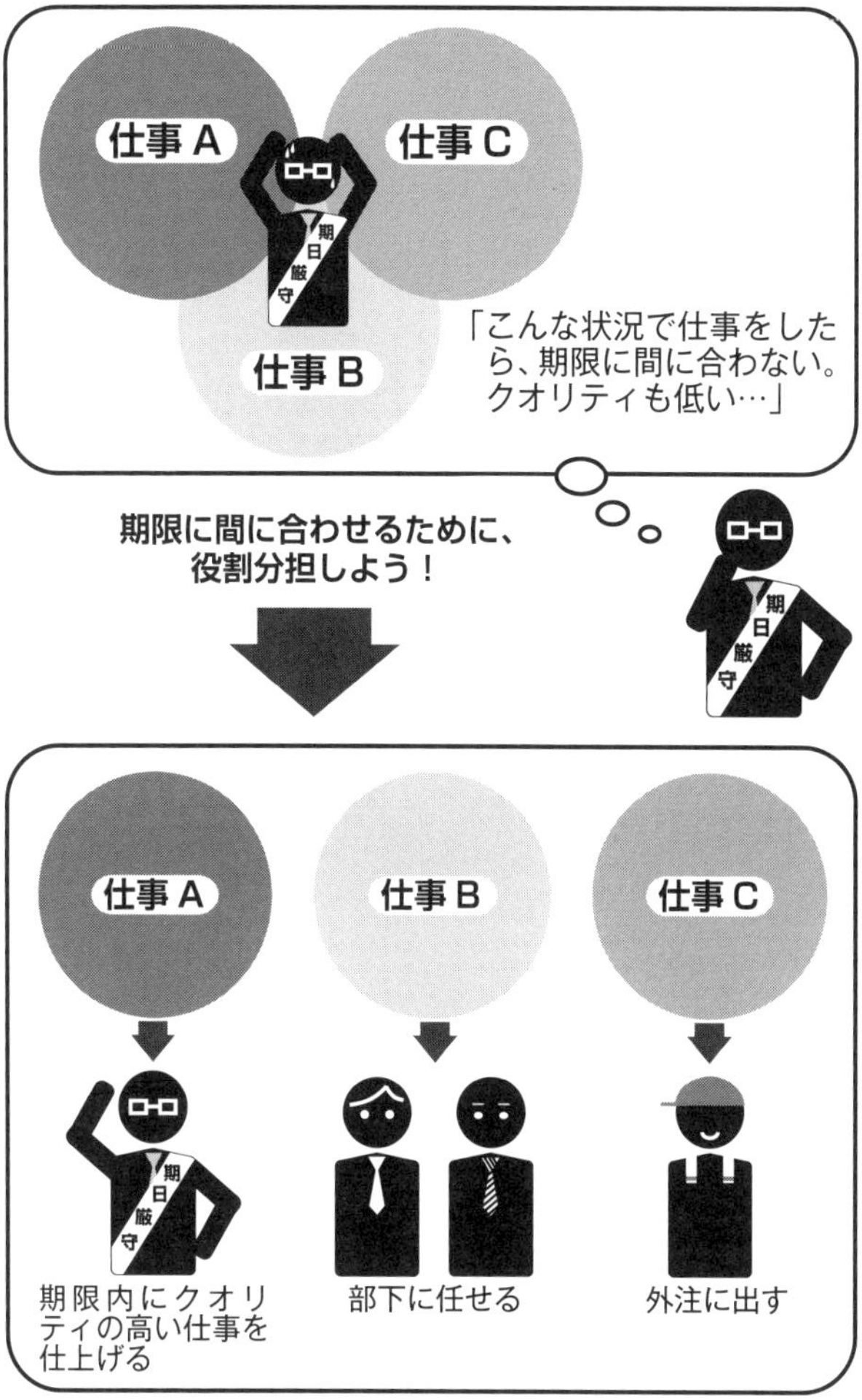
仕事Ａ
仕事Ｃ
仕事Ｂ
期日厳守
「こんな状況で仕事をしたら、期限に間に合わない。クオリティも低い…」
期限に間に合わせるために、役割分担しよう！
期日厳守
仕事Ａ
仕事Ｂ
仕事Ｃ
期日厳守
期限内にクオリティの高い仕事を仕上げる
部下に任せる
外注に出す

5 仕事の割りふりをきちんとやっておく

ひとくちに仕事といっても、目先のもの、中期的なもの、さらには長期的なもの、難解なもの、簡単なもの……というように、その内容は多種多様だ。ゆえに、ひとくくりにはできない側面がある。問題は、これらの要素を踏まえながら、いかなる手順でこなしていくかだ。

そのためには、自分なりに「実施計画」なるものを立てなければならない。いきあたりばったりではいけない。

もちろん、会社で仕事をしている限りは、自分一人でなんでもかんでも抱え込まないで、必要に応じて、様々な組み合わせを行い、それを上手く機能させていくことで時間を有効に使い、仕事を効率良く、しかもクオリティの高いものに仕上げていくことが重要になる。

たとえば、製菓会社がアイスクリームの新商品を開発する場合に、担当の課長が案を出したとしても、実際に商品を開発するのは研究所の仕事である。材料を集めたり、マーケティングリサーチを行う。そのうえで、「これならば！」というものができたときに、重役会議で試食をし、はじめて商品としての販売活動に移れる。

１つひとつの仕事の期限が社運にかかわる

たとえば…ある製菓会社がアイスクリームの新商品の発売を来年の４月に企画した場合

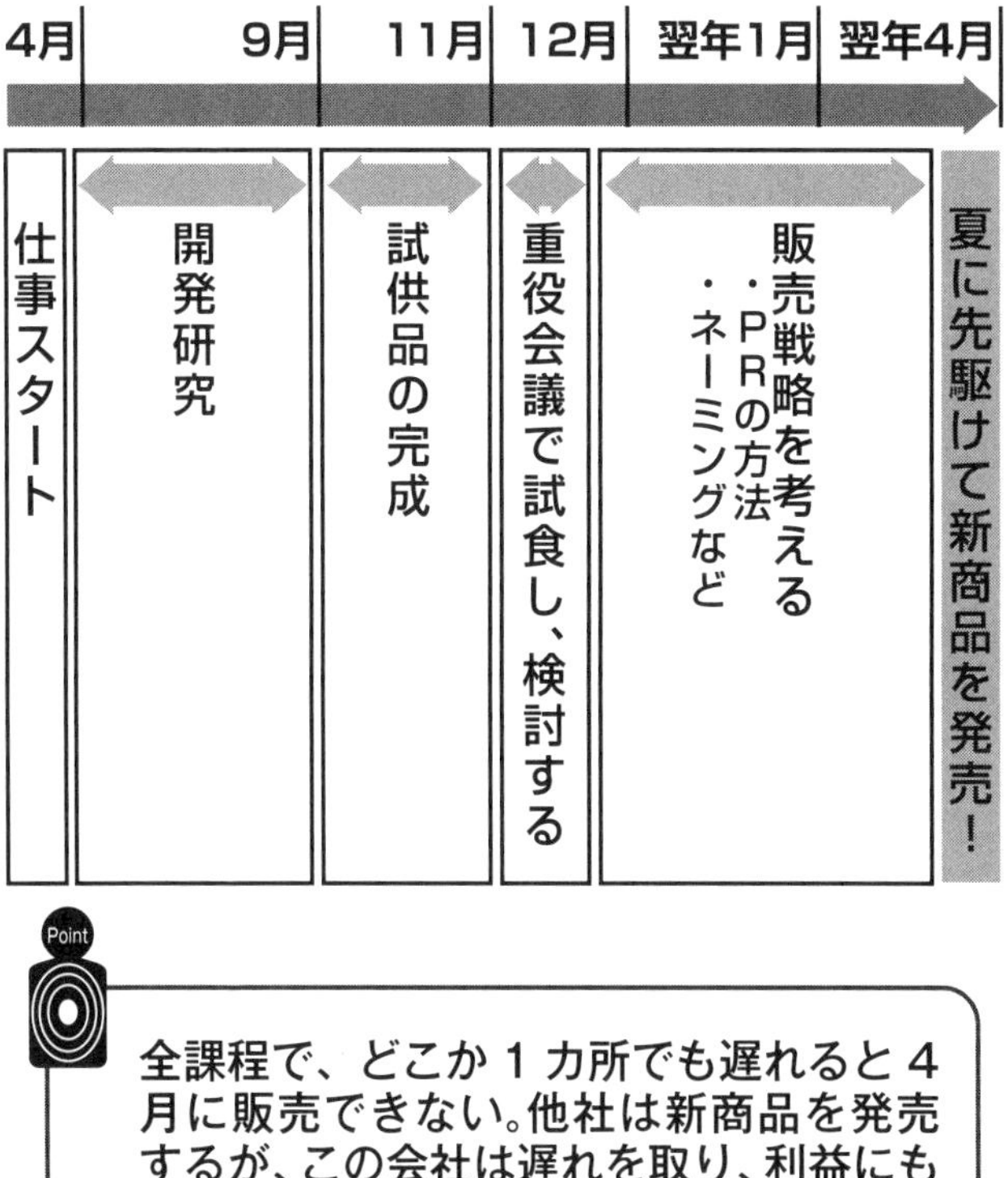

Point

全課程で、どこか１カ所でも遅れると４月に販売できない。他社は新商品を発売するが、この会社は遅れを取り、利益にも甚大なダメージが……!!

これには季節性もあり、時期を見誤れば失敗する。だから、いつでも良いというわけにはいかない。**時間の管理がきちんと成されないと、せっかくの商品開発は失敗に終わり、莫大な損害だけが残る。結果、会社経営に影を落とす。ゆえに、「いつまでに」という目標設定はきちんと守らなければならない。**具体的には、あらかじめ割りふりをやっておくことだ。

製造の担当者が商品を完成させても、営業の機能がきちんと販売拡張に進まなければ、売上の数字はたってこない。したがって、全社的な連係を図りながら、目先の仕事の完成はもちろん、中長期的な仕事の進行を滞りなく進めていく管理が重要になってくる。

それは期限のなかで、いかに素晴らしい、他社に負けない商品を生んでいくか、販売活動を行っていくかということであり、一刻の猶予も与えられない。いつでも心を張りつめてはいられないが、上手くいったときの喜びや感動はなにものにも代えがたい。

ビジネスは毎日が〝戦場〟であり、緊張の連続だ！

それはどんな仕事でも同じである。期限がある以上は、多少の損害があっても乗り越えていかなければならない。それで大きなミスやトラブルを引き起こしては本末転倒だが、どんな世界でも、ギリギリの攻防戦が行われていることを肝に銘じておいて欲しい。

仕事の割りふりには、ときに無理も必要になるのだ。

6 あまりに疲れたときには休息も必要！

人生には「強弱」というメリハリが、ときには必要だ。

いつでも、どんなときでも、仕事を一生懸命にやるという前向き姿勢は大切なことだが、それが結果的に自分の身を削ることにもなる。

ものには〝限度〟がある。身体あっての物種だから、いかに頑張っても、自己満足しても、その後に倒れてしまったのでは、なんにもならない。たとえ会社に多大な貢献をしても、会社から絶大な信頼を得ていても、その後の生活の保証を会社がしてくれるわけではない。

だからこそ、時間を上手く活用して、効率良く仕事をしなくてはならないのだ。

体調が悪いときの仕事は、効率も、クオリティも悪いものだ。「なぜ、こんな仕事しかできないんだ！」と叱責されるのは、だいたいが体調の悪いときである。無理をしてまで仕事をして、「出来が悪い」と言われたら、なんのために頑張ったのかがわからない。

「今日は調子が悪い」「身体がいうことをきかない」……こういうときには、休養を取るのに限る。仮に仕事をするのであれば、準備的な仕事だけに留めて回復を待つことだ。

いくら優秀な能力があっても、病床に伏していてはどうにもならない。意欲がみなぎり、体力も十分であって、はじめて満足する力が発揮できる。

時間を有効に使うといっても、身体が思うように動かなくては、スタートの時点からハンデを背負っているようなもので、戦いにはならない。

マラソンの42・195キロを走るにしても、コンディションが万全であって、はじめて勝負の場に挑めるものだ。風邪をひいていたり、足をケガしていてはスタート台に立つ意味すらない。

仕事も同様で、身体の管理ができていなければ戦力にはならない。

身体のことでいつも周りに心配を掛けていたり、入退院を繰り返しているようでは、ことビジネス社会においては戦わずして敗れたようなものだ。遺伝性の病気や伝染病であればどうしようもないが、常に最高のコンディションが維持できるか否かも、「ビジネスパーソンとしての大切な能力の1つである」と断言できる。

健康の管理では、その人の日頃の身体管理や生活の節制がものを言う。いつも好き勝手に過ごしていて、それで身体がいうことをきかないは、しょせんは甘えに過ぎない。

仕事という場で最高のパフォーマンスを発揮するうえで、日頃からの心構えが重要になることを覚えておくべきだ。

健康管理も大切な能力の1つ

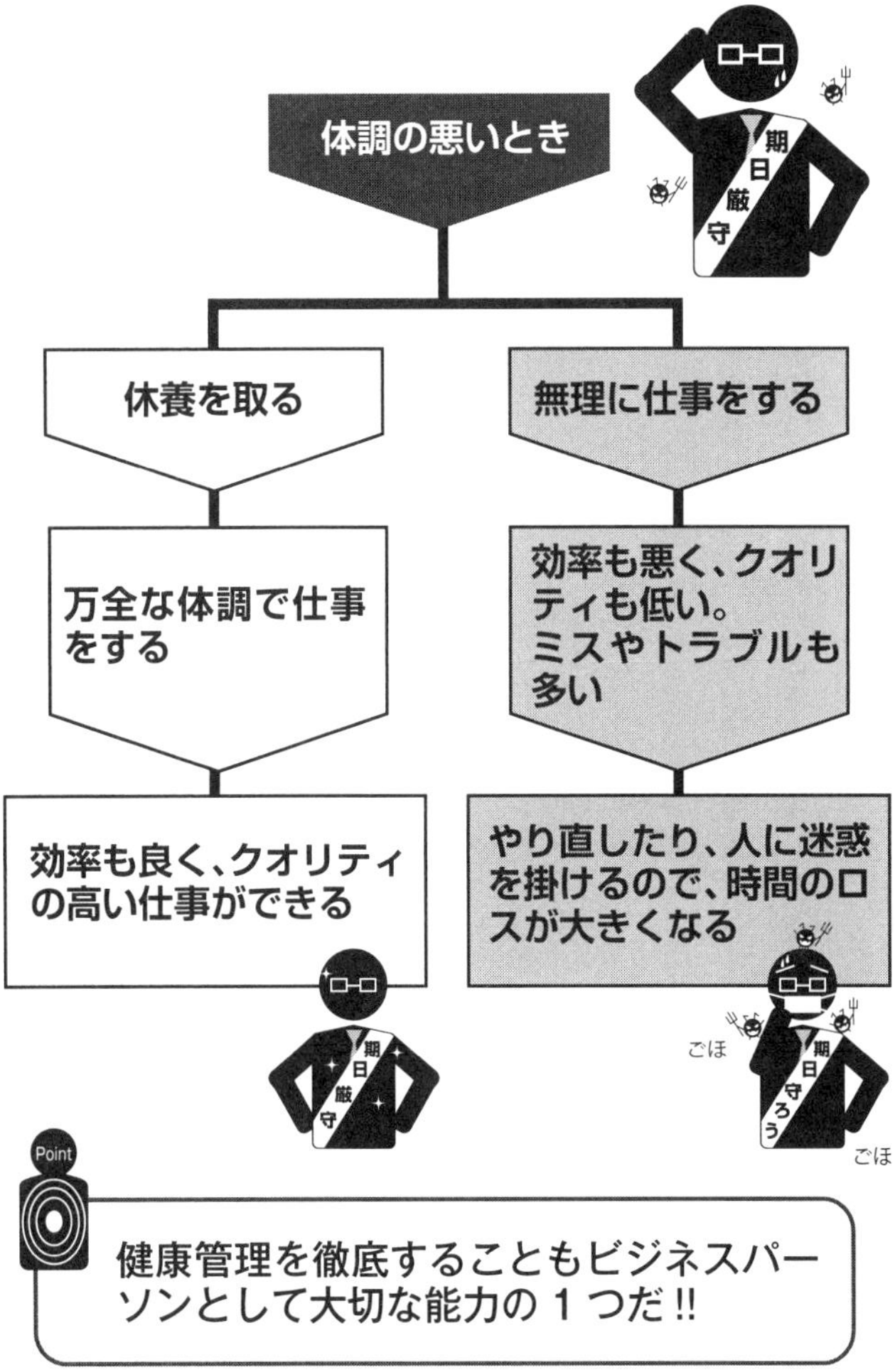
体調の悪いとき
休養を取る
万全な体調で仕事をする
効率も良く、クオリティの高い仕事ができる
無理に仕事をする
効率も悪く、クオリティも低い。
ミスやトラブルも多い
やり直したり、人に迷惑を掛けるので、時間のロスが大きくなる
期日厳守
期日守ろう
ごほ
ごほ

Point

健康管理を徹底することもビジネスパーソンとして大切な能力の1つだ!!

7 電話による時間の浪費は避ける

電話というのは、じつに便利なツールだが、一方では厄介な側面もある。

なにしろ、こちらの都合などはお構いナシに、しかも突然に掛かってくる。まるで運悪く〝交通事故〟にでも遭ったようなものである。

電話の選択権は、こちらにはない。掛かってきた以上は、誰かが出ることになる。仮に非常に大切な業務を行っているような場合には、「会議中です」「不在です」というような応対をするしかない。大切な仕事を中断するよりは賢明だからだ。


ここで注意したいことがある。「居留守」だ！

最初から「会議中」「不在」としておくのと、掛かってきた相手によって選択して「会議中」「不在」と応えるのとでは、明らかに先方の反応も違ってくる。

不思議なことに、居留守を決め込むと……必ずわかるものだ。

人間の第六感をあなどってはいけない。

賢い電話の使い方とは？

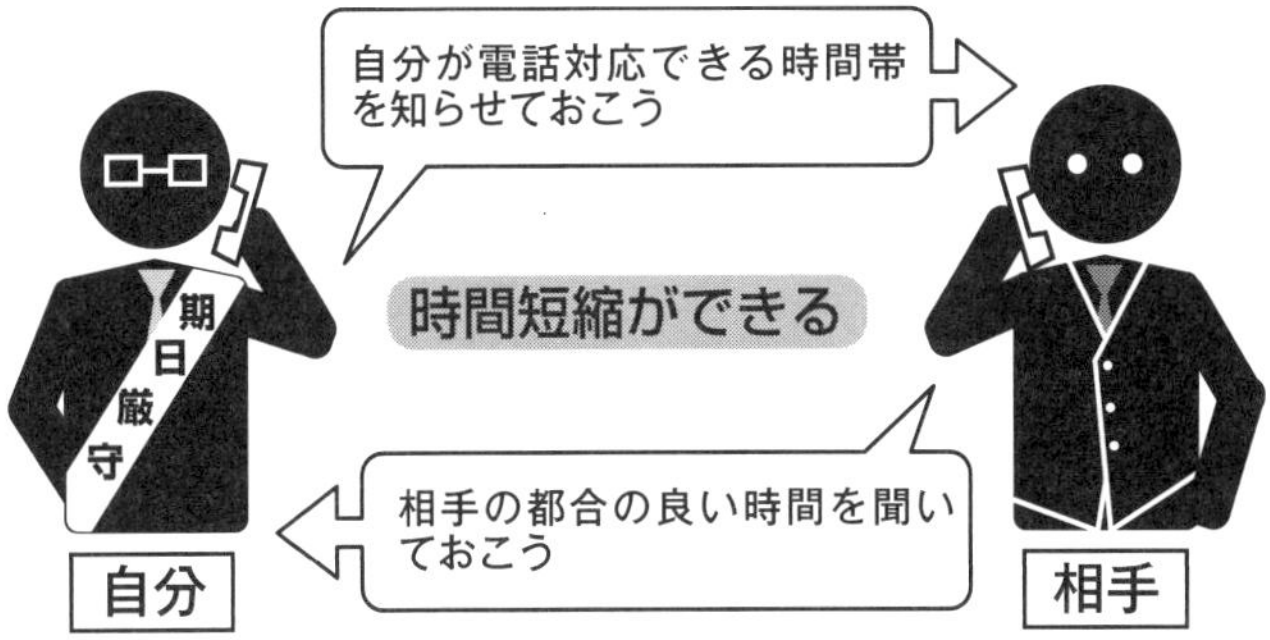
自分が電話対応できる時間帯を知らせておこう
時間短縮ができる
相手の都合の良い時間を聞いておこう
期日厳守
自分
相手

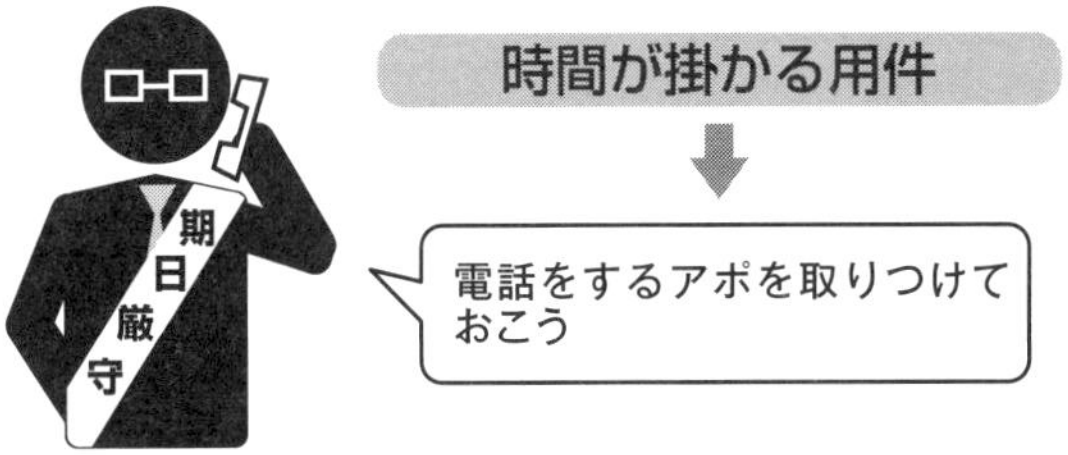
時間が掛かる用件
電話をするアポを取りつけておこう
期日厳守

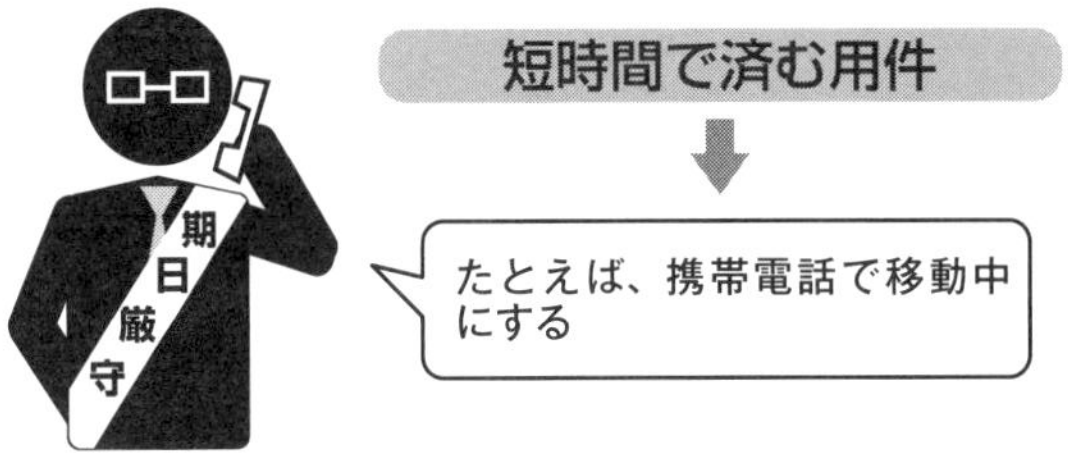
短時間で済む用件
たとえば、携帯電話で移動中にする
期日厳守

最初から「会議中」「不在」と決めておけば、きちんと対応ができる。相手の名前と連絡先を聞いておいて、後ほど連絡すれば特段問題はないだろう。

ところが往々にして、相手の名前を聞いてから「少々お待ちください」と保留ボタンを押して、しばらく待たせたうえで「本日は出掛けております。帰社しないかもしれません」などと返答したら、相手に「電話に出たくないのだな……」と勘づかれるのは明白だ。これはマズい。

明らかに本人はいる。にもかかわらず、「出掛けて帰らないと言ってくれ！」では、逃げているのが手に取るようにわかる。たとえ目に見えなくとも、いるときの電話の反応といないときの反応は違うものだ。とくにダイヤルインで電話をしている場合、「少々お待ちください」と言っておきながら、「出掛けています」はあり得ないだろう。

本当に本人が不在、もしくは会議中ならば「少々お待ちください」を入れないで、最初から「会議中（不在）ですが、お急ぎでしょうか」となるはずだ。

下手な居留守は使わないで、あとでコールバックをするか、「○△時ならおります」というように明確な返答をするほうが無難である。

私は、相手が居留守を使ってきたときには、必ず返答をもらえるように、こちらの用件を伝えて、メールでの回答をお願いすることにしている。そうすれば、相手はイヤでも返事をしなければならない状況に追い込まれるからだ。

8 上司の指示に上手く対応するには？

現場で働く者として、一番頭を悩ますのは、仕事が詰まっているときに上司から「○△君、すまないけど、これを至急やってくれないか」という指示をされた場合である。

自分としては、その日の行動についての予定を立てて必死でやっている。余分な時間などどこにもない。「これに関して教えてくれ」という程度ならば特段問題はないが、「この件に関して返事を書いておいてくれ」などと指示されると、完全に仕事のリズムが狂う。

だが……上司の指示は絶対である。

とはいえ、たとえ上司の指示であっても、手が放せないようなときは「お急ぎですか」と確認しておくのも、できるビジネスパーソンならばやる。仮に急ぎでないのならば「今の仕事が終わってからでも良い」ということになるだろう。つまり指示を受ける前に、その内容をきちんと確認しておくことが肝要なのだ。

ビジネスの世界では、一度「わかりました！」と引き受けた以上は、受けた側の責任になる。

ときには要点が絞られていないような指示をされることがある。それを自分勝手に解釈してしまうと、ムダな仕事をやることにもなる。

不名誉なレッテルを貼られてしまうような社員の多くは、「報連相（報告・連絡・相談）」がまともにできない。同じように上司の指示も的確に理解しようとしない。

厳しい言い方をすれば、組織の一員としての自覚や心構えが欠落しているのだ。だから、会社全体の仕事も見通せない。いつまで経っても同じことでミスをする。

ビジネス社会において、上司から指示された場合は、その内容の確認と優先度をはっきりさせておくことだ。「上司の指示だから」と、安易に受ければ良いというものではない。

「社内の仕事を優先させるか」

「取引先からの依頼を優先するか」

時間が切迫している場合には、どちらを優先すべきかを上司に問わなくてはならない。そうすることで、仕事の流れを整理でき、時間のロスを減らすことが可能となる。

上司の心証を害さないために、上司から指示された仕事を優先させて、取引先に迷惑を掛けているようでは、ビジネスパーソンとしては〝失格〟なのである。

日本の企業体質は、社内の関係や秩序を過剰なほど重視するため、外部に迷惑の限りを尽く

仕事の優先順位を正しく判断する

明日までの仕事
期日厳守
○△の仕事を頼みたいのだが良いか？
上司

こんなとき、あなたはどうする？

- 仕事の期限を聞く
- 自分の状況を説明する
- どちらを優先するか、上司に判断を委ねる

- 上司の心証を害さないようにと、頼まれた仕事にすぐ取り掛かる
- 優先すべきだった仕事が終わらず、取引先に迷惑を掛ける
- 最終的には、会社全体にダメージを与えることになる

しても平然を決め込む側面があるから問題だ。いわば自社内の問題を優先するあまり、取引先の事情を無視するような不遜な態度である。

取引先の存亡にかかわるような事態では、そちらを優先しないと、必ずあとでしっぺ返しを喰らうことになる。自分たちだけが生きのびて、あるいは良い思いをして、お世話になっている取引先やお客様を邪険に扱うようでは、絶対に上手くいくことはない。

そのことをどこまで理解できているのかが問題であり、時間もコストも、それらを踏まえたうえでの判断が大切だ。**ときには上司を諫めても、仕事の順序を明確にしなければならないこともある。当然、そこには適切な判断力と主体性が要求される。これからの時代は、そういう能力を持った社員がますます必要とされるだろう。いや、されるべきだ！**

仕事は、主体性を持って具体的に進めるのは当然のことだが、会社が組織で動く以上、自分の意思に関係なく、様々な予期せぬ仕事が舞い込んでくる。

それらを想定しながら、自分自身が抱えている仕事を着実に進めていく人こそが、「真の意味でできるビジネスパーソンだ」と言えるだろう。

第3章

いかに効率アップを図るかを常に考えよ

ムダな仕事は徹底して排除せよ！

1 ムダを徹底的に省く強い意識を持て！

本書は、『Aランクの仕事術』というタイトルをつけている。

「一流の社員は、一流の仕事をする」——。

こういう意味合いから、〝Aランク〟という表現を用いた。Aランクと評価されるための最大の要素は、いかに効率的に仕事を遂行するかということである。つまり限られた時間を最大限に有効活用して、コストを吸収し、さらに最大限の利益を出すことである。

手際良く、効率的に仕事をこなしていかなければ、仕事のスピード化は図れない。いくらスケジュールを立てても、なかなか仕事に取り掛かれない人もいる。要は、実行段階になかなか入れないのである。あなたの周りにも、こういう人がいるはずだ。

よく観察してみると、この手のタイプの人はロスも多い。確かに長い人生では、ときにはムダな面がなければ息が詰まる。だが、こと仕事においてのロスは、そのままコストにつながる。

このあたりの意識が欠落しているようでは、いつまでも会社から高い評価は得られない。

往々にして、こういう人の仕事の流れは以下のようになる。

①仕事に対するきちんとした意識がない
↓
②したがって、適切な計画が立てられない
↓
③仕事に取り掛かる前に、ロスが発生する
↓
④仕事への集中力に欠ける
↓
⑤おしゃべりや私用メールなど、ムダな時間に費やす時間が多くなる
↓
⑥結果として、仕事のスピードアップが図れない

端から見ていると、「この人には労働意欲があるのだろうか？」と、勘ぐりたくなるような人も多々いる。それもこれも仕事に対する意識の差が、そうさせるのである。

「勤務時間内をなんとなく過ごせば良い」

「一生懸命にやっても給料が増えるわけではないし……」

こうした考えが根底にあるようでは、前向きな気持ちは生まれてこないし、仕事がおもしろくなることもない。ましてムダを省こうなんて発想は微塵もない。

「スピードを上げて効率化を図ろう」という意識があれば、おのずと前向きに行動できるようになる。それでこそ仕事のクオリティを高めることもできる。

ビジネスパーソンである以上、こういう意識をきちんと持ってもらいたい。

そこでまず、ムダな仕事をしていないか、一度振り返ってみよう。あるいはセクションでムダな仕事が平然と行われていないかをチェックしてみる。入社して半年も経つと、フレキシブルな感性の持ち主なら、いかにムダな仕事が多いかに気づくはずだ。そんなときに「会社なんてものは、しょせんはこんなものだ」などと卑屈な感情は持たないで欲しい。

活気ある職場にするには、「ムダ・ムリ・ムラを徹底的に減らせ」と言われるが、そういう目的意識を持つことで、会社全体、ならびに職場の雰囲気も引き締まったものになる。ダラダラと仕事をする人もいなくなるはずだ。

若手社員の頃からこうした意識を持って仕事に向き合わないと、やがてはムダな仕事をしていてもなんら疑問を持たないお荷物社員になってしまう。

間違ってもリーダー的な存在にはなり得ない。

ここで、現在行っている仕事を以下に列挙した項目と照らし合わせてチェックしてみよう。

□もっと良い方法はないのか
□もっと早くできる方法はないのか
□もっとコストを削減できる方法はないのか
□もっとラクする方法はないのか
□もっとミスを減らす方法はないのか
□もっと簡単に済ます方法はないのか
□もっと連係した仕事ができないか

人間の能力は、意識を少し変えるだけで、飛躍的に伸びるものである。ムダなことにまったく無頓着では、「仕事に対する意識が低い」と評価されても仕方がない。

2 仕事はマニュアル化すべきだが……

毎日の仕事というのは、ある面では同じことの繰り返しである。もちろん、まったく同じことをやっているわけではないが、たとえばトラブルの処理にしても、新しい製品開発にしても、内容は別にして、その手法は似ているものだ。

仕事を効率的に進めるには、誰がやってもある程度は、そのマニュアルがあればなんとかなるという態勢にしておくべきだろう。製造・サービス・営業・研究・開発……など、様々なセクションがあるが、基本は大して違わない。あるとすれば、若干の内容の違いだけだ。

マニュアル化というのは、業務を遂行するうえで、誰がやっても同じレベルのクオリティと量が保証されて、はじめて意味を成す。

基本的なことは、誰でも対応できる態勢を構築することで、対外的にも、社内的にも柔軟に対応できるようにしておこう。誰か1人が休んだら、業務の遂行に大きな支障が出るようでは困るのである。決まったことはいちいち確認しなくても遂行できるようにしておき、新たな試みや新分野への挑戦に力を注げる仕組みができていなければならない。

仕事のマニュアル化の一例

【1 日の作業の基本的な流れ】

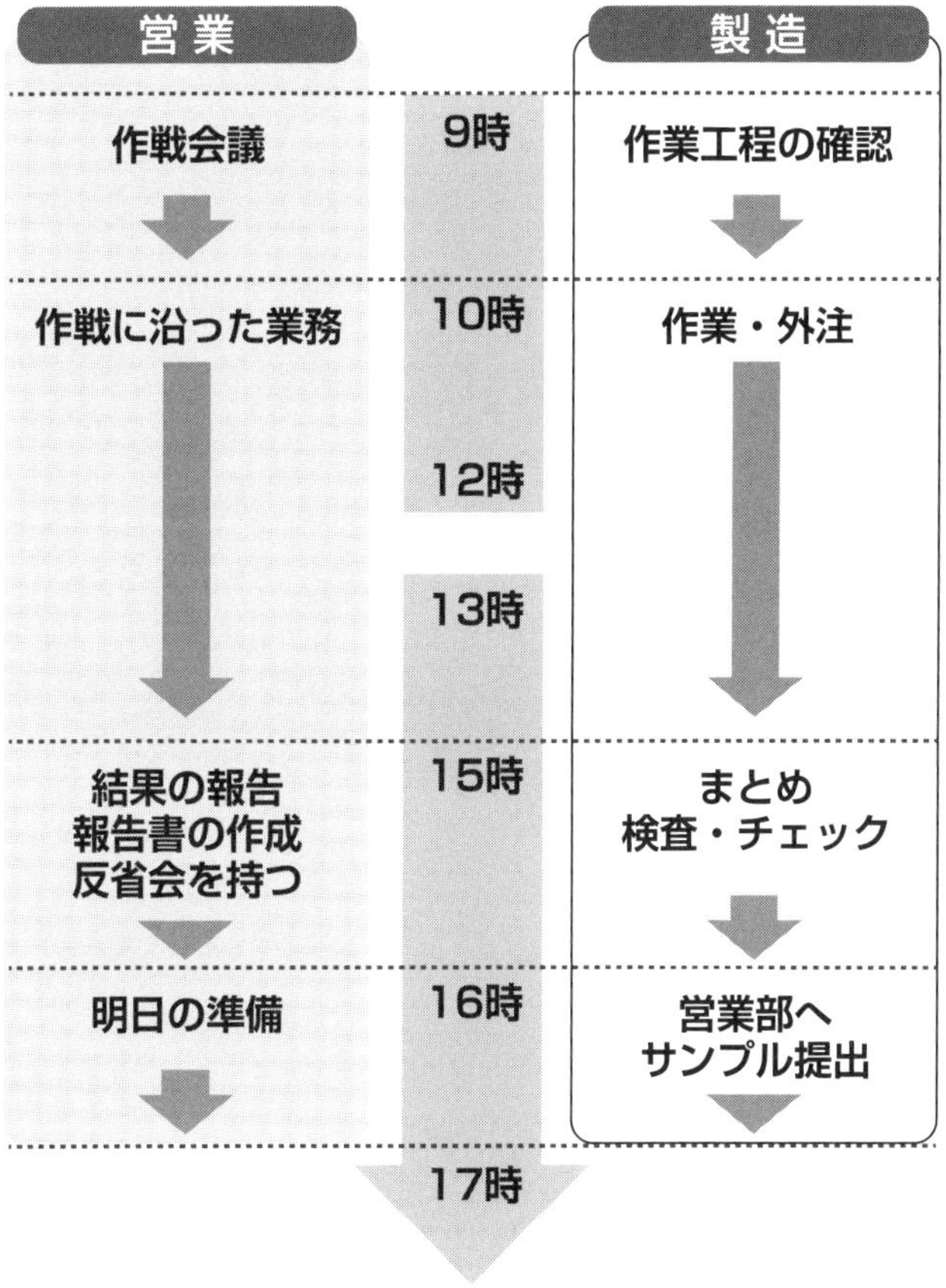

トラブルや思わぬ仕事が舞い込んできても、いつでも肝心なところに全神経が注げる態勢を構築しておくことである。そうすることで、仕事の陳腐化という〝悪弊〟を防ぐことが可能だ。

しかし、ひとくちにマニュアルといっても、**誰もそのマニュアルの意義や必要性を疑わなくなったら進歩はない。**毎日の会議やミーティングで、あたかもマニュアル通りに決められていることだから「なんとなく」では、なんら問題意識を持っていないのと同じだ。

問題意識を持って業務を遂行するためには、以下の視点を持つ必要がある。

①毎日の仕事では、1日の業務の確認を必ず行い、目標を明確にする
②週に一度は(あるいは毎日)反省会を持ち、問題点の解決と明日への新たな挑戦の気持ちを部内で共有する
③会議を活用して、モチベーションを高める

たとえば、会議はあらかじめ制限時間を決めておいて、それ以上はやらない。会議に出るのは何も報告や指示を受けるためだけではない。出る以上は、問題意識をきちんと持ったうえで出席することである。

マニュアルも同様だ。常に改善していく問題意識を持つことが大切である。

3 常にバックアップ態勢を整えておく

取引先に連絡したり、ユーザーとして注文先に電話を入れたときに、「担当者が不在ですのでわかりません」という返答ほど〝癪にさわる〟ものはない。

こちらは、必要だし、急いでいるから電話をしているのだ。にもかかわらず、「担当者不在」のひと言で片づけられてしまってはたまったものではない。

これでは会社としての対応ができていないことになる。担当者がいなくてもわかるようにしておくのが大切なことで、それがバックアップ態勢である。

「わからない」などという反応があると、「あなたの会社では、社員と連絡も取れないのか」と文句の１つも言いたくなる。

会社という看板を背負って仕事をする以上、どんな状況下でも、１つの問題や仕事では、必ず誰かが代わって対応できる態勢が必要である。「担当がいなければ何もわからない」では、「上司はいったい何をしているのか」ということにもなるだろう。

もし、あなたが上司ならば、部下の業務の進捗状況を、１日に一度は確認しておかなければならない。それができていれば、外部からの電話に対しても、きちんとした対応ができるはずである。「担当者がいなければ何もわからない」というのは、「他人の仕事は関係ない」ということでもある。ウラを返せば、自分の仕事も他人にとっては関係のないことで、「かかわりたくない」ということになってくるのである。

もっと問題なのは「不在だから」と返答されたことに、「それではあとで連絡をください」と伝言を依頼しても、一向に連絡がないことだ。これははっきり言って「逃げている」というケースが多い。私の取引先でも、このような人がたくさんいる。

連絡ができないのには、それなりの理由があるのだ。「期限までに仕事が完成していない」「約束したにもかかわらず状況が変わった」……など、様々な理由がある。仮に電話をしても、文句を言われるだけなので、であるならば、「いっそのこと雲隠れをしてしまったほうがマシだ」という消極的な考えに陥るわけだ。

このように自己都合だけで動いている人は、度量が小さかったり、時間の概念がないために、逃げ回ることになる。じつは気にしているのだが、連絡するだけの度胸がないのだ。

これでは仕事は上手くいかない。信用もされなくなる。「面倒だ」という意識は、エゴの現れであり、そのツケは必ず自分に跳ね返ってくることを肝に銘じておくべきだ。

仕事はバックアップ態勢を取ることが肝要

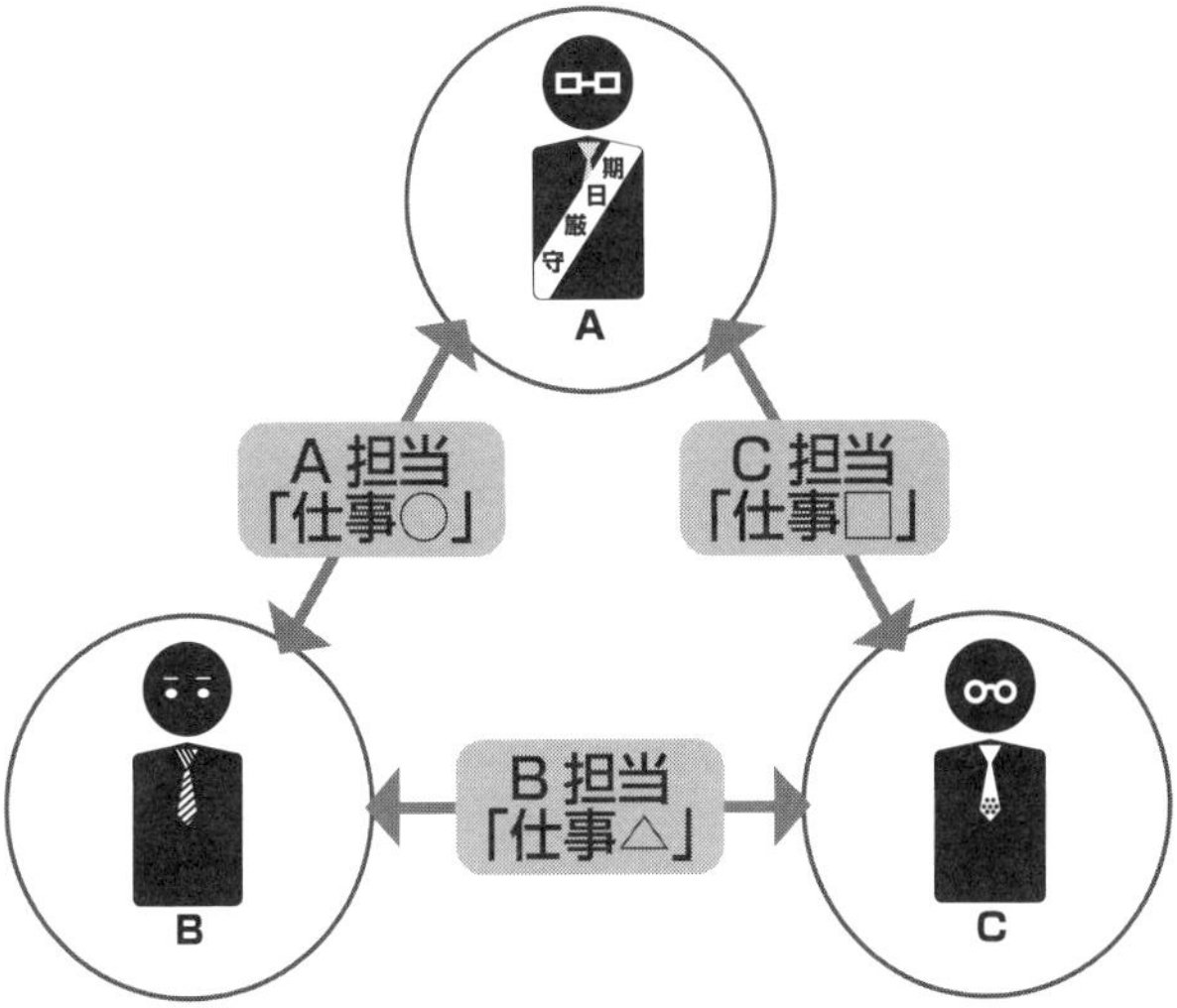

お互いの仕事をバックアップできる態勢をきちんと整えておく

時間の効率化につながる !!

4 ムダな雑用をいかに追放するか

企業の間で盛んに行われているのが、業務のスリム化である。

今まで「当たり前だ」と考えていた仕事を、もう一度見直し、「これは必要ない」「ここは省略できる」……などというように、あまり意味がない業務を極力カットすることで、会社全体における仕事の簡素化を図ることが可能となる。

私たちの身の回りの仕事を見てみると、「なぜ、こんなことをやっているのか」というような仕事が、「以前からやっているので」という理由で安易に続けられているケースがある。

その代表例が会議だ。取引先の会社に電話をしてみると、「会議中です」というケースが意外と多い。ついつい「大切な外部からの電話を追い出して、何が会議だ！」と言いたくなる。

会議はあくまでも内部のことに過ぎない。

最近では「早朝会議」と称して、始業時間前に終わらせてしまう気のきいた会社が増えていると聞く。会議だけではなく、ミーティングや打ち合わせなどといった内部の恒例の仕事はで

本当に必要な仕事をする

省略できる部分をあぶり出す

会 議	**改善** スムーズな議事進行／綿密な事前準備
決 済	**改善** 簡素化を心掛ける
営業訪問	**改善** ムダな行動を省く
売掛金回収催促	**改善** 書面で行うようにする
部下からの相談	**改善** 要点をまとめて簡潔にする
上司への報告	**改善** 報告書で行う

きるだけ簡素化しなければ、ムダな仕事がどんどん増えていくことになる。

企画なども、「企画会議」と称して、わざわざ会議を開いて決めることが多いが、そのような発想自体が「マンネリの元凶だ」と言わざるを得ない。

「アイデアの種は、常に現場にある」――。

したがって、現場で様々なことを決められるようでなければならない。会議はいわば「セレモニー」であり、「みんなが加わって納得した」という場を設けたに過ぎないのだ。

私と長いつき合いのある会社の話だが、昔は会議はいつも夕方5時過ぎに簡単に行い、その後は様々な取引先の人とコミュニケーションを図るような開放的な社風だった。

ところが最近では、なんでもかんでも「会議、会議……」ということで、物事が簡単には決まらなくなった。同時に会社組織も硬直化し、革新的な発想やアイデアを持つ社員で潤っていた社内も、保守的な人が増えてきた。結果、業績も一時の勢いはなくなってしまった。

会議の弊害として、もう1つ「多数決で決める」というのも挙げておこう。

「みんなが賛成したら止めよ」という言葉があるように、安全パイを求めるようになれば、そこからマンネリ化がはじまる。そんな会社では、売れる企画でも「ノー」という見誤った判断を下す可能性が高い。それに誰も疑問や不信感を抱かない……。

現実には、そういう企画が、他社で商品化され、ヒットしているケースが多い。

「会社の習慣」「仕事の習慣」というものは、ときには時間のムダづかいだけではなく、会社そのものをダメにしてしまうことがある。

「今自分がやっている仕事は、果たして必要なのだろうか、これで良いのだろうか……」

常に自問自答しながら仕事に邁進することが大切だ。

もし、「あまり必要でない」と判断したならば、早めに見直す。そういう、いわば英断が下せないようでは、少なくとも役に立つ人材にはなり得ない。

5 「P（計画）」「D（実行）」「C（チェック）」を徹底！

仕事が効率的で、時間が節約でき、結果として、クオリティの高い仕事が早く完成することは、あらかじめ、それにふさわしい「計画（Ｐｌａｎ）」があるからにほかならない。

仕事は、アバウトであってはならない。

ビジネスの世界において、「なるようになる」という考えはあり得ない。だから、まずきちんと練り上げられた「基本計画」があり、さらに現場を掌握した「実施計画」が必要である。それでこそ、効果的なメンバーの選択ができ、おのずと仕事のクオリティも決まってくる。

仕事は、最初が肝心であり、その段階で問題があれば、すべてがダメになる。

スタートの時点で問題がなければ、あとはメンバーが適切な判断をしながら、外注の内容や各々の分担、さらには締め切り（納期）などの設定をする。そのうえで「実行（Ｄｏ）」に移せば、仕事の進行レベルや時間の使い方も、きちんとコントロールされていく。

もちろん、最初に計画があっても、仕事をやっていくうちに、思わぬ難題やトラブルなどにぶちあたったり、取引先の都合で予定が大幅に狂うこともある。

仕事を進めるときに大切なこと

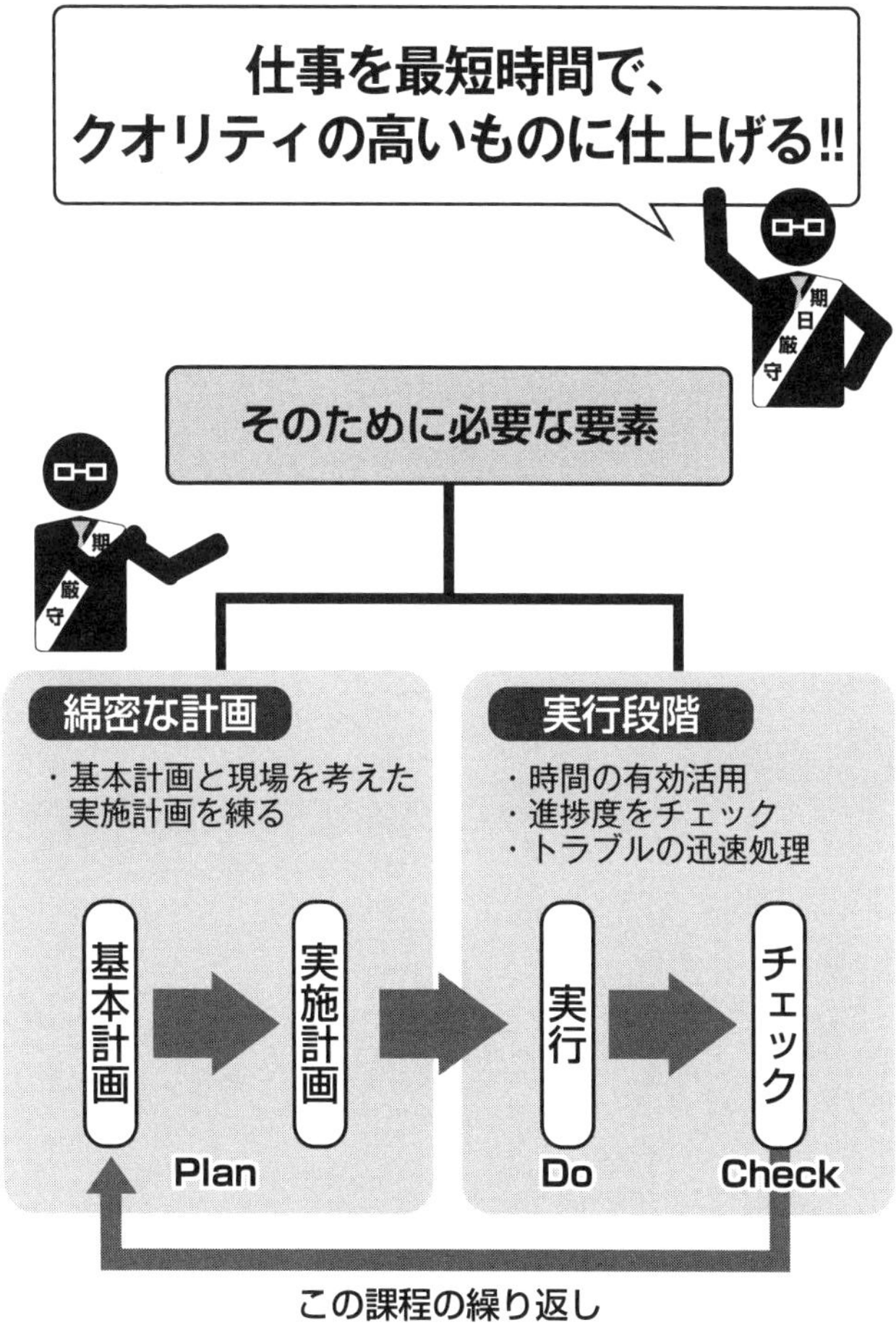

じつは、「時間の有効活用」という点から述べるならば、ここが腕の見せどころ。「仕方がないと放置しておくか」「しかるべき処置を迅速に取るか」で、結果は180度違ってくる。

前者のスタンスを取る人は、総じて仕事の〝流れ〟が見えていない。あるいは前向きにやろうという意欲に欠けている。おまけに問題解決能力がない人ということになる。

「問題が発生したときに、どう対処できるか」——ここがビジネスパーソンには問われる。

仕事は毎日・毎時間管理し、そのつどチェックしていくべきものである。それは上司が行うものと、自分自身が行うものとに区分されるが、いずれにしても各段階でそれがきちんとできていれば、いい加減な仕事にはならない。

計画がしっかりしていても、仕事を行うプロセスでのチェックを怠ると、クオリティの高い仕事はできない。ムダな仕事をしていてもわからない。計画はチェック態勢がなければ、それは結果的には無計画なものになる。

概して計画が杜撰な人は、チェックもできないものだ。だからクオリティは低いし、締め切り（納期）も守れない。これでは誰からも信用されないし、仕事を任されることもない。

そのような人がビジネスパートナーでは、どんな仕事もケリがつかないので、周りはどんどん離れていく。やがては会社から必要とされない状況に追い込まれるだろう。

6 アクシデントに備えた仕事をする

ビジネスでは「必ず」と断言しても良いほど、アクシデントやミスが絡んでくる。何事もなく、すべてが順調に、スムーズにいくというケースは稀だ。

そこで問題が生じたときに、迅速、且つ的確に対応できるかがポイントになってくる。いわば危機管理ができる能力が、ビジネスパーソンに求められるわけだ。この能力の有無は時間の効率化にもつながってくる。

たとえば、不良品が出たときには、そのラインの品物はすぐに引き上げなければならない。そして、すぐに代替品を用意して対応するスピードが必要だ。

ところが、その問題の製品を全社的に捉えないで、各販売店に任せて、文句が出たら最小限の負担を負うという極めて消極的な対応をするケースがある。結果、あとからどんどん大事になっていき、ついには消費者センターなどに苦情が殺到し、マスコミにも報道されるようになる。

問題が生じた初期段階で、きちんと対応していた場合に比べて、10倍・20倍の負担を会社が被ることになるわけだ。

事実、このような杜撰な対応をして、倒産に追い込まれた会社を、私はたくさん見ている。

悪いことほど迅速に対応すべきだ。そうすることでかえって評価も高まる。「損して得とれ」と言われるが、アクシデントを経験することで、ビジネスパーソンの基礎は強固なものとなる。

私の実体験だが、某大手の自動車メーカーで新車を購入した。

ところが、納車日に試走したら、１００メートルも走らないうちにエンストを起こし、止まってしまったのである。あわてた営業マンは「調整してきます」と言い残して帰っていった。

翌日に持ってきたのだが、また同じことが起きた。再び持って帰ったが、やはり同じだった。

そこで、営業マンがひと言……「これ以上は、実費です」――。

私は怒りのあまり、本社の苦情係に電話を入れた。そうすることで、はじめて本格的な点検をやってくれたのだ。キャブレターが詰まっていることで、エンジンが回らない状態だと判明し、キャブレターを取り替えてようやくまともに走るようになった。

つまりはメーカーの製造ラインの過程で出た〝欠陥車〟だったのである。新車を納めて上手く動かなければメーカーの責任であるのは明白だ。お客様の責任で直さなければならない理由はどこにもない。責任の所在もわからないような営業マンでは、予期せぬアクシデントにきちんと対応することなどできるはずがない。

クレーム処理はとにかく迅速に!!

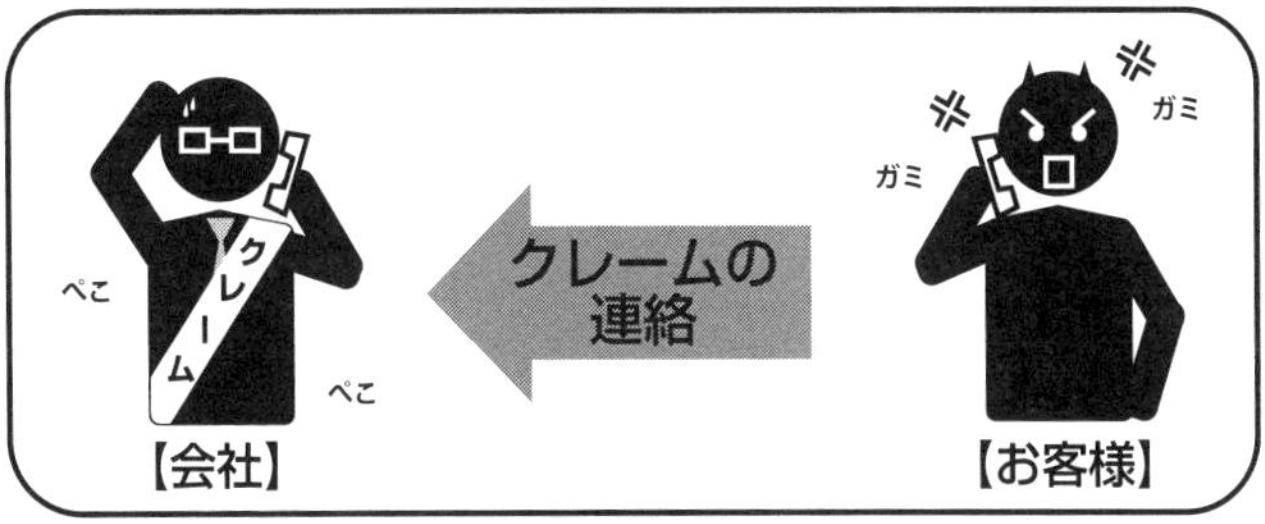

対策

1 お詫びをする（原因がこちらにある場合）

・お客様の気持ちを逆撫でしないように、
まず詫びることが先決だ!!

2 新しい欠陥のない商品と交換するか、または代用のものを用意する

・お客様に不自由のないように注意する

3 回収して、対策を立てる

・被害がさらに広がらないように、至急対策を立てる

4 原因を調べる

・同じ被害を出さないために、原因を必ず解明する

7 問題点は常に改善する

再三に渡って力説しているが、これからのビジネス社会でもっとも問われる能力は、いかに問題点を見つけ出して、いかに解決していくかという能力だ。バブルがはじけて経済状況が沈滞するなか、当然、各企業においても「今まで以上に問題点を抱えている」と言える。

言い換えれば、問題点を解決していく企業は生き残るし、それを怠る企業は自然に淘汰されていくことになるだろう。企業を支えるのは、「社員」という〝人的資源〟である。

したがって、社員そのものに問題解決をしていく意識と実行力が求められる。新入社員ならばいざしらず、2〜3年も経つと、必ず要求される能力である。

問題点が発見できない人は、そういう意識が欠けているだけなのだ。特別な能力が必要とされるわけではない。**自分の仕事に前向きに取り組めば、必ず問題点にぶつかるものだ。ダラダラと仕事をやっている人は、目の前に大きな問題点があっても、それに気づかない。**何も考えていないのだ。主体的に仕事をしていない。指示待ち人間の典型例である。

こういう人材は、間違いなく会社から必要とされなくなる。

問題解決能力を身につける

① 今の仕事のやり方で本当に問題はないか

↓

② 以前から習慣的にやっている仕事が果たして必要か

↓

③ スケジュールに「ムダ・ムリ・ムラ」がないか

↓

④ 優先順位は本当に間違っていないか

↓

⑤ 効率化のためのツールを使っているか

↓

⑥ ミスやトラブルが頻発する体質になっていないか

↓

様々な視点から問題点をあぶり出す!!

一概には言えないが、リストラの対象になる人の多くは、問題点があっても気づかない人、あるいは気づいていても解決しようという意欲のない人である。

厳しい言い方をすれば、会社からなんの期待感も持たれていない人である。

基本的に、問題解決は以下の過程をたどる。

「①問題発見→②原因追及→③対策→④実行」

当然、そこで周囲の人の協力が必要になる。リーダーシップも発揮しなければならない。人間関係がぎくしゃくすることもあるだろう。それでもなお問題点を解決していく能力が求められているのである。どんなセクションで仕事をしようが、原理原則は変わらない。

たとえば、優秀な営業マンは、売上が下がると「なぜ、そうなったのか」の原因を探り、対策を立てて実行する。「売れない」ということは、そこになんらかの問題点があることを知っているからだ。ゆえに、そこに目を向ける。

他方、ダメな営業マンは、売れない原因を考えないでひたすら歩き回る。これでは売れない。

いずれにせよ、問題解決能力のある人こそが、会社が絶対に必要とする人材であることは疑いようもない事実である。まさにAランクの評価が得られる一流の社員ということだ。

第4章

有効なツールはどんどん使え！

ツールは使い方次第で強力な武器になる

1 まずは大まかな工程スケジュール表を作成

仕事は、スケジュールを無視して動くことは、まずあり得ない。

多くの一流経営者も「計画は時間を2倍に生かす」と述べている。これは何も目新しいことではなく、永遠の真実なのだ。問題はそれができるか否かにかかっている。ゆえに、計画性のない仕事は、締め切り（納期）を考えないルーズ極まりないものになってしまう。

往々にして、仕事がいつも遅れがちで締め切り（納期）に間に合わない人は、「計画を立てる」「期限を設ける」という意識が欠落している。

これはある面では、生まれつきの性格が要因になっていることは否めないが、だからといって生まれつきのものをビジネスの現場に持ち込まれても困る。

敢えて苦言を呈するが、そのような人は大いに悩んで欲しい。時間の使い方いかんで、自分の仕事だけではなく、人生に対する姿勢も違ってくることを理解してもらいたい。

少なくとも一般的な会社では、必ず作業工程や企画立案・営業目標……など、それぞれに計画がある。これは至極当たり前のことだ。

工程スケジュールを立てる

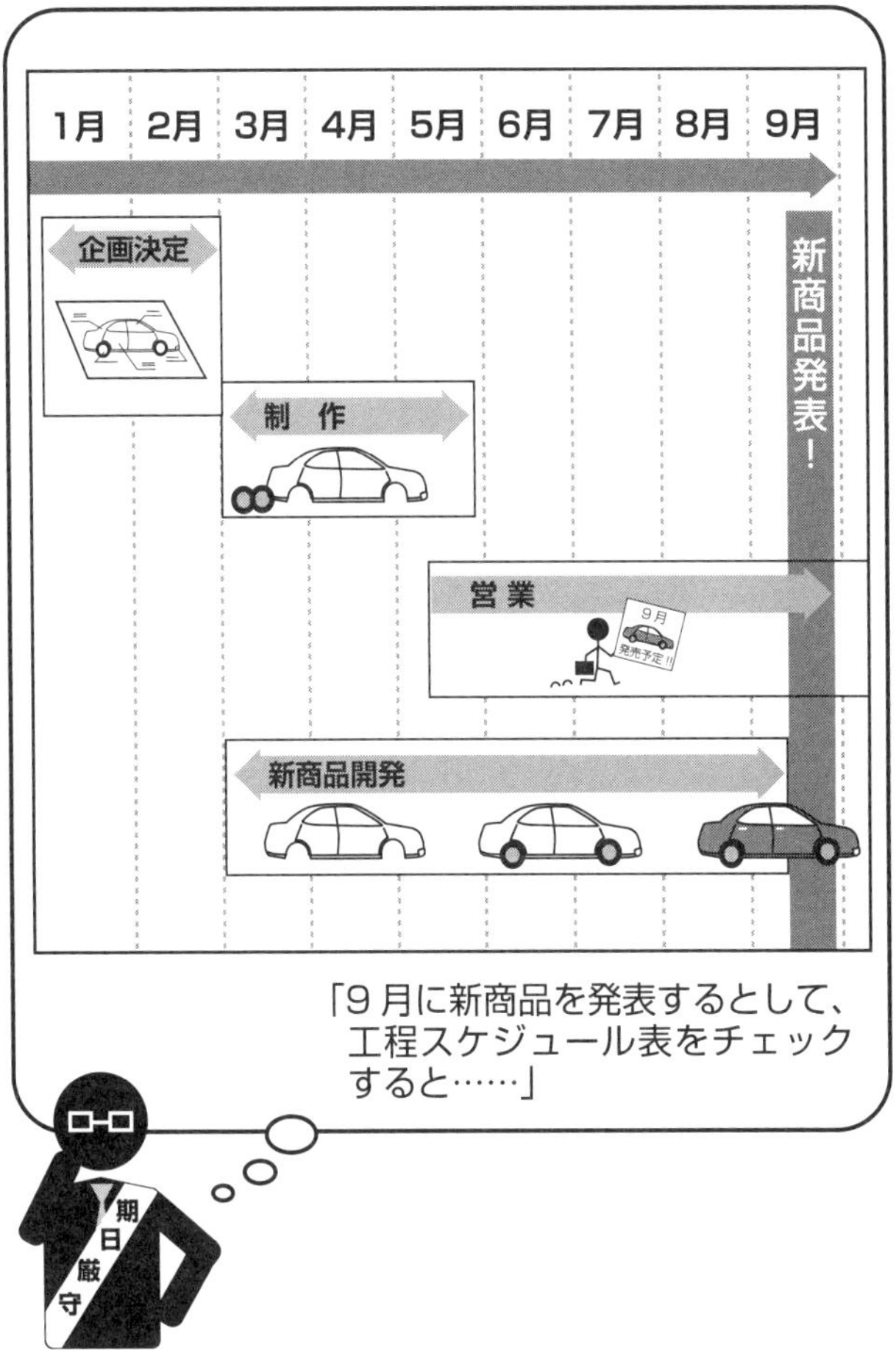

「計画的に動く」ということは、仕事の原点である。この計画があれば、仕事の進捗状況のチェックが可能だ。予定よりも遅れている場合は、それを取り返すために頑張る。さらに余分なことで時間を奪われないように考える習慣も身につけられる。

もちろん、常に仕事を追いかけながらも、余裕時間が捻出できるならば、その時間を有効活用すべきだろう。この時間にさらなる価値を創造することができるはずだ。

「仕事の基本は、追いかけられるよりも、追いかけている状況を常につくり出すこと」――。すなわち、常に早め早めに進行することだ。

ただし、急ぐあまりに〝拙速〟になってはいけない。より充実したものをつくり、サービスを提供するためには、計画より多少早めに進行することを心掛ける。仮に余裕時間があれば、「ここは慎重に」「この問題はもう少し研究して」などというようなメリハリをつけた仕事の工夫が可能となる。これが結果的に仕事のクオリティを高める。

計画の遂行や時間管理という面では、甘えはいっさい許さず、意識的に厳しくしていく強い姿勢を持ってもらいたい。そのためにも、きちんとした工程スケジュール表を作成しておくことが肝要だ。驚くほど、仕事の効率化が図れるはずである。

2 作業工程表を作成して時間を細かく管理する

経営戦略に関するスケジュールが、会社全体の「時間管理」であるとすれば、作業工程表は、それぞれの仕事の現場における「進行表」である。これがあれば、各人の仕事の進捗状況がわかるし、管理者も同じ部署の人もお互いにチェックすることができる。仕事が遅れている場合には、どのようにリカバリーするかの対策も具体的に練ることが可能だ。

とかく私たちは、アバウトな形でお互いの仕事を捉えがちである。そのために、同じ部署内でも、「誰が」「どのような仕事をやっているのか」が、具体的に見えていないことが多々ある。

これでは何かアクシデントが起きても、迅速、且つ的確に対応できない。

もちろん、「各人に任せておく」というのは、一面では耳触りは良い。

しかし、別の面から見れば、「無責任体制」とも言えるのではないか。仕事である以上は、中身がしっかりしていなければならないし、ムダな時間を費やしてはいけない。

ところが現実に目を向けると、個人的なことに忙殺されたり、身体の具合が悪くて仕事が手につかない、その仕事に適していない……など、様々な〝障害〟が邪魔をする。

とかく人間は、自己管理が苦手な生き物だ。各人で程度の差はあるだろうが、それなりに管理されながら、そのつどチェックしてもらわないとまともに仕事ができない人が多くなってきているのは、疑いようもない事実である。若い人には、この傾向が顕著だ。

自己管理のできない人ほど、残業時間も多くなる。

あなたの周りに、なぜか残業が多い人はいないだろうか？

そういう人の仕事ぶりを、一度じっくり観察してみて欲しい。

仕事以外での余分な動きがあまりにも多いことに気づくはずだ。しばしば仕事を中断し、本来ならば終了できるはずの仕事が、その日の定時までに終わらせることができず、翌日に持ち越しになるか、遅くまで残業をすることになる。

とはいえ、自己管理は、個人だけでは限界がある。会社組織としても制度化する必要があるだろう。そのためには、一人ひとりの工程スケジュールをさらに細かくチェックしていくシステムを構築することが不可欠だ。

作業工程表をもとに進捗状況をチェック!!

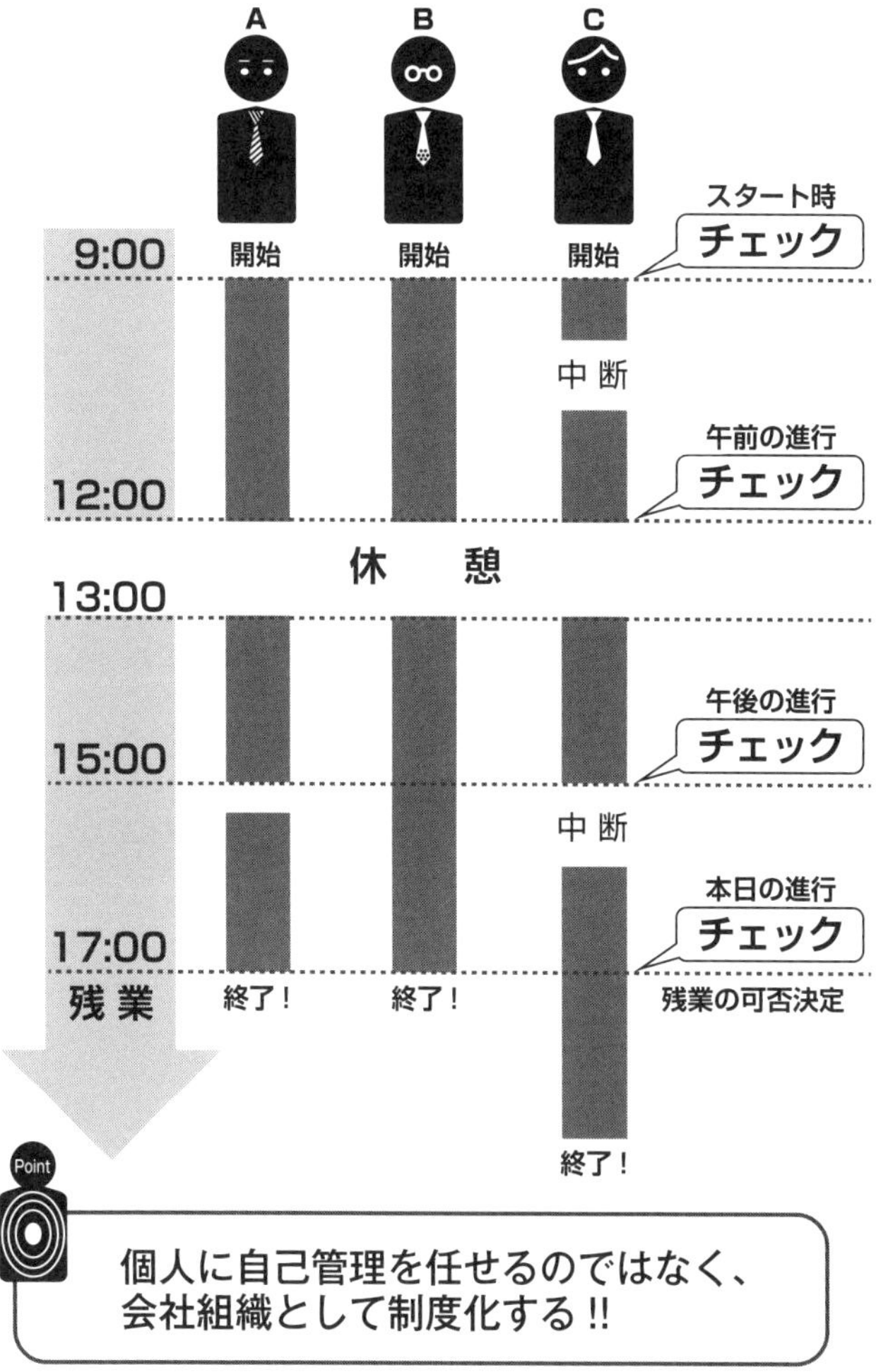

Point

個人に自己管理を任せるのではなく、
会社組織として制度化する!!

3 パソコンによる「社内ＬＡＮ」で時間創造

現在では、大企業・中小企業の会社規模に関係なく、多くの会社が「社内ＬＡＮ」を構築している。いわゆるパソコンによる社内ネットワークの整備である。

社内ＬＡＮの構築により、社内全体の連絡網が整備され、自部署はもちろん、異なる部署間、そして経営トップともつながることができる。特定のグループ内で情報を共有したり、スケジュール管理を行うことも可能だ。

さらには、社内サーバーを利用して、仕事に必要なファイルやフォルダなどを共有し、仕事を迅速、且つ的確に行えるようになる。

これらはほんの一例だが、社内ＬＡＮでパソコン同士をつなぐことで、大幅な業務の効率化が図れているのは疑いようもない事実である。

しかし……パソコンに頼りすぎることで〝弊害〟が生じるのも事実だ。

たとえば、メールですべてが伝えられるわけではない。どうしても、必要最小限のやり取りをするだけであって、「漏れないように」「忘れないように」「確実に」などということが優先される。ゆえに、重要事項やお互いに意思の疎通を図りたいときには、やはり実際に対面して話すのが一番だろう。要は、面対面のコミュニケーションが必要なのである。それがなかなか難しいのであれば、電話でも構わない。そのうえで、はじめてパソコンは日常の業務をスムーズにするために威力を発揮する。

最近では、通勤距離に関係なく、在宅勤務も可能になってきた。ネット回線さえあれば、パソコンを使って、地球上の「どこでも」「誰とでも」仕事ができる便利な時代になった。

私の知人に編集プロダクションを経営する人がいる。ちょっとおもしろいのが、確かに会社は存在するのだが……社内には経営者の彼のみなのである。社員は全員在宅勤務で、日々の業務の指示や報告・連絡等は、無料のインターネット通話ができる『Ｓｋｙｐｅ（スカイプ）』を通じて行っているそうだ。じつに便利な時代になったものだ。

いずれにせよ、**インターネットの発展は会社の幅を広くし、従来の仕事の形態までも変えてしまった。今はアイデア次第で、より柔軟な組織がつくれる時代なのだ。**

パソコンはハードだけであれば、単なる箱に過ぎない。それをソフトを使い、さらにネットワーク化し、マニュアル化することで強力な通信情報網にもなるし、仕事の連係も可能となる。

まさに「現代の新しい時間創造の〝神器〟である」と言っても過言ではないだろう。

問題は、それを理解して、どこまで活用し、業務の効率化と時間の節約に活かすかだ。

ネットワークを組むことで、今までは活用できなかった能力を活かし、さらに経費の削減とともに時間の節約も可能になってくる。

インターネットの普及に伴い、本来の業務の効率化や付加価値を高める時間が捻出できるようになったことは喜ばしいことだが、問題もある。

たとえば、メールの活用だ。メールは、上司の指示・部下の報告・連絡はもちろん、決定事項の徹底や全社的な事業展開の変更などといったことも、わざわざ本人に会って伝えなくとも、各人が自分のパソコンで送受信することで、確実に伝わる。メールの存在は、業務の簡素化や省略化、さらには仕事のスピードアップに大いに役立つ。

業務の効率化を図るうえで活用するならば、特段問題はない。

残念なことに、なかにはそうではない人もいるから困る。

たとえば、部下や同僚に「今夜飲まないか」というような私的な誘いメールを送る、社内恋愛のラブツールとして使われる……など、仕事はそっちのけで社内ＬＡＮを私的な用件を済ませることに使っている人がいるのだ。

もっと最悪なのは、意味を成さないメールを暇に任せて送信する人だ。

自分は暇かもしれないが、これを受ける側は暇とは限らない。このような人には「メール遊びはしなくていいから寝ていなさい」と言いたくもなる。

意味を成さないメールは、無視するに限る。仕事に必要でないメールは、ムダな経費を使うことになる。こういうシビアさが必要だ。メールの効率的な活用という点からするならば、書き方のマニュアルを明確にしたり、応答のタイムリミットを設けることである。

「効率化」という面から考えれば、ペーパレスは言うに及ばず、１つのメールで必要なすべての人に必要な内容を伝えることができるメリットがある。その点からも、かえって厄介な存在にならないようにしないと無用の産物になりかねない。

多額の経費を費やして、パソコンを導入したにもかかわらず、面倒なことや厄介なことが頻繁に起こっているようでは困る。それもこれも、社内ネットワークにおけるルールの構築やメールのマニュアル、その活用における規範を会社組織でつくれる否かで決まるのだ。

4 携帯情報端末を武器にせよ！

携帯電話やスマートフォンをはじめとする携帯情報端末、さらにタブレット型の情報端末等は、私たちの日常生活のみならず、ビジネス上でも大いに役立つツールだ。

これらは持ち運びの面で非常に便利である。カバンに入れて持ち運びをすることが多いノートパソコンと比べると、実務面での機能は限定されるが、情報のアクセスや連絡手段としては十分な機能を備えている。

基本的にこれらは、外出先でも自由に使える。首都圏では地下鉄内でもネット利用が可能である。ニュースサイトにアクセスして情報を入手したり、メールを使って連絡を取り合ったり、ＳＮＳを利用して情報を発信することも可能だ。タブレット型の情報端末を使用して、電子版の新聞や雑誌、さらには書籍を読む人も増えている。

携帯性に優れ、「いつでも」「どこからでも」利用できるので、これらの情報端末は、ビジネスの世界でなくてはならない存在となっているのだ。

誰もが膨大な情報に接することができる時代では、情報のスピードと鮮度はもちろん、その活かし方が問われることになる。

その点、携帯性に優れた情報端末は、情報入手のスピード面で圧倒的に優位なツールだ。幅広く〝情報のシャワー〟を浴びて、それらが新聞などのメディアでどのように報道されているのか、自社のビジネスにいかなる影響を与えるのか、どのようなビジネスチャンスを見出せるのかを考えてみて欲しい。企画やアイデアを考えるうえでも、良い訓練になるだろう。

こうしたツールを使う際には、自分を厳しく律する必要がある。

日常生活での使い方にまで言及するつもりはないが、勤務時間に使用するのであれば、きちんとした「けじめ」が求められる。

たとえば、取引先への移動中、電車のなかでゲームに没頭したり、仕事とは関係ないウェブサイトを長時間見たり、ＳＮＳをやっていたり……これは大問題だ。私用メールの送受信も厳しく戒められるべきだろう。

本来、その時間は取引先の情報収集や交渉内容の確認等にあてられるはずが、遊びに使われてしまっては、利便性の高い情報機器が仕事のクオリティを落とす要因となってしまう。

便利なツールゆえに、その使い方に「けじめ」をつける。そうすれば、これらの携帯情報端末は、仕事を効率化するうえで、強力な味方になってくれるに違いない。

5 整理整頓が時間のムダを省く

「時間管理」という側面から述べるならば、オフィスで机の上が汚くて、いつもさがしものをしているのは、最大の敵になる。仕事もミスが多くなる。

机の上も整理できないようでは、人間性そのものがだらしなく映ってしまう。

職場全体でも、自分の机でも、一定の収納スペースを最大限に活かして、常に整理整頓を心掛けることが時間のムダをなくす有効、且つ最良な方法である。

①整理棚をつくる
②使ったものは元に戻す
③たりないものは補充する
④備品は中途半端な使い方をやめて大切にする
⑤誰にでもわかるような表示にする

整理整頓はビジネスの基本

時間をムダにしないためのちょっとした工夫

・必要なときにすぐに使うことができる
・事務用品（備品）の消耗が減る

至極当たり前のことだが、ちょっとした点を心掛けて実践するだけで、時間のムダは相当に省けるものである。なかには、「そんなことは〝自分流〟で！」と突っぱねる人もいるだろうが、小さなことの積み重ねが、じつは大切で、そのなかから大きなものが芽生えてくる。

大きなチャンスも、小さなことをきちんとやり続けることでめぐってくるのだ。

整理整頓がいい加減な人は、待ち合わせの時間に遅れたり、仕事の締め切り（納期）も守らない。細かいスケジュールを立てることもできない。一事が万事そうなのだ。1つの小さなことがきちんとできない人が「ほかの大切なことは、間違いなく完璧にできます」なんてことはあり得ない。とんでもない思い過ごしである。

「何事も小さなこと、些細なことをやり続ける」――。
それができてはじめて大きな仕事や難解な仕事をこなせるのだ。

効率とは直接的に関係ないが、ビジネスは、まず挨拶や約束を守ることからはじまる。これが人間としての基本である。それができない人が何を言っても誰も相手にはしない。ビジネスパーソンとしても高い評価を得られないだろう。

人間としての基本ができている人は、いかなる壁にぶちあたってもなんとか解決できるものである。何事も「千里の道も一歩から」である。

6 大切なのは必要な書類がすぐ出せること

仕事をしていて、必要な書類やデータがすぐに出てこずにさがし回る人がいる。

上司から指示された書類がすぐに取り出せない、データが用意できないようでは、仕事への意識そのものが疑われる。

仕事がきちんとできる人は、常に整理整頓を心掛けている。「あれが必要だ」というときに、すぐに手が伸びて、アッという間に取り出せる。

これが時間管理であり、仕事の効率化を図るうえでの基本だ！

ところが、机の上はいつも乱雑なだけでなく、いろいろな書類が山積みになっていて、必要なときにすぐに見つからないどころか、それをさがすのが仕事になる人がいる。これでは困る。周りの人も、いつ崩れるかわからない書類の〝雪崩〟の恐怖におののいているだろう。

私は、自宅のテーブルの上で簡単な仕事をすることもあるが、極めて仕事の効率が良い。キレイに整理されていて周りに余分なものがないからだ。必要な資料を一揃い持って、自分の気分が乗る場所で一気に仕事を片づける。「能率」という点では、非常に効果がある。

「仕事の能率」という点でもう少し述べるならば、「ある一定の場所でしか仕事ができない」というのは、現代社会では通用しない。必要があれば、報告書であれ、企画書であれ、どんな場所でもつくれる訓練が必要だ。でなければ、現代のスピードにはついていけない。

私たちは、今や動くオフィスのなかで仕事をやる感覚が必要である。ゆえに、書類でもデータでも、必要なときにすぐに用意できなければ意味がない。一刻を争うときにまったく役に立たないようではビジネスパーソンとしては失格である。

私は、通勤電車のなかが、ときには書斎となり、書籍のゲラ校正の場になる。どのような状況下でも仕事に取り掛からなければ、締め切り（納期）に間に合わない。そのために、必要なデータ等はいつでもすぐに利用できるように管理している。

時間を2倍にも、3倍にも活かしたいならば、固定観念は捨てることだ。「ここでしかできない」という仕事は少ないものである。いつもきちんと整理整頓を心掛けていれば、すぐに仕事の準備は整う。そういう習慣を身につけることが肝要だ。

Aランクの仕事をバリバリこなす人は、端から見ていると「いつやっているんだ……」と不思議に思うくらいデスクにいることが少ない。要は、細切れ時間を上手く活用する術を知っていて、それを実践しているだけで、これも整理整頓ができているからこそ成せるのだ。

必要な書類やデータを取り出すひと工夫

・時間のムダを省くことができる
・必要なものがすぐにわかる
・書類が散乱しない
・外部や内部の照会に即応できる

7 メモをする習慣を身につける

ビジネスで大切なのは、「必要なことは絶対に忘れてはならない」ということである。

とかく日常業務では、様々なことが錯綜してくる。本当は自分の仕事に集中したいのだが、会社というところは、なかなかそうはさせてくれない。ましてベテランともなれば、様々な能力を次から次へと要求される。1つの単純な仕事だけとはいかない。

上司から指示されたことを忘れていたにもかかわらず、催促されると「今やっています」と、その場しのぎの返答でごまかし、あわてはじめる……こんな社員では困る。

そこで**「忘れないためのメモ」を自分のデスクで必ず目に入る場所に貼っておき、仕事が終わった段階でメモをはぎ取り、捨てる習慣を身につけて欲しい。**懸案事項やり掛けの仕事は、いつになってもメモが捨てられないので、デスクは知らぬ間にメモだらけになってしまう。

これはじつのところ、仕事の管理はもちろん、未解決の仕事に追われないための時間管理の便利な〝備忘録〟になる。

メモは時間管理の〝備忘録〟

・いつでもきちんと確認できる
・物忘れやミスの防止につながる

メモというのは、いちいち手帳を開かなくとも、一目瞭然であるために、うっかり忘れが少なくなる。なにしろ、デスクに向かうと否が応でも目に入るのだから。こんなに効果的な方法はないだろう。これで物忘れやミスが確実に激減する。

別の見方をすれば、いつもやるべき仕事の課題が見えているから、効率的な仕事ができる。たとえ外出したときには忘れても、帰社したときには、また目に入る。ゆえに、仕事で不手際をすることも少なくなる。いかに記憶力が良くとも、頭脳明晰でも、しょせんは人間のやることだから、うっかり忘れてしまうことも多々ある。

ビジネスパーソンは、いつなんどきでもメモをする習慣を身につけることだ。

私の場合は、メモとカレンダーを併用している。うっかり忘れることはなくなった。

このようなちょっとした日頃の努力の積み重ねが物忘れやミスを減らし、仕事の効率化の面でも大いに役に立つことを知っておいて欲しい。

発明家は、枕元にメモ用紙とペンを置いて眠りにつくと聞く。眠る直前は、それだけ良いアイデアにめぐり合う確率が高いことを表している。記録することが面倒になると、どんな良いアイデアも、その瞬間に思い浮かべるだけで、すぐに忘れ去ってしまう。あとで思い出そうとしても、二度と思い出すことはできない。あなたにも、そんな苦い経験があるのでは?

メモをするときには、以下の点に注意しよう。

①必ず日時を入れる
②相手の名前を入れる
③数字は必ず正確にメモをする
④状況に応じて自分のコメントを書いておく

なかでも、数字はビジネス社会においては重要なものである。どんなときでも、数字だけはメモをしておくことだ。「間違えた」では済まされないことも多々あるからだ。

ビジネスは、ある面では数字の積み重ねである。計数感覚に強くなるうえでも、数字に対する意識をしっかり持っておいてもらいたい。

最近では、メモをするツールとして、スマートフォンをはじめとする携帯端末や電子手帳を利用する人も多いが、やはり普通の手帳のほうがメモをしやすい。

私自身は、能率手帳に『ポストイット』を併用している。手帳は行動予定表に使い、ポストイットは思い浮かんだアイデアや雑談のときのメモ代わりに活用している。実際に使ってみると、じつに便利なツールである。

8 『ポストイット』はなかなか便利なツールだ

前節でも触れた『ポストイット』は、様々なサイズのものが売っている。貼りやすく、且つはがしやすいので、あらゆる仕事に応用して使える。手帳のなかに入れておけば、いつなんどきでも使える優れものだ。

じつに単純なビジネスツールだが、単純なものほど使いやすいし、工夫もできる。

私も、仕事はパソコンを使うが、その前段階としての情報整理や考え方をまとめるうえでは、活用している。何より貼りやすく、はがしやすいのが非常に心地良い。

メモをする（取る）のに『ボイスメモ』というツールもある。音をメモリーに記憶するもので、喋るだけで記録できてしまうが、声を出せる場所でないと使いにくいのがデメリットだ。

最近では、スマートフォンなどにもボイスメモ機能が搭載されており、これらを有効活用している人も多いと聞く。シンプルなメモ機能も搭載されているので、いつでも、どこでも思いついたことを即座にメモをすることができる便利なツールである。

こうした便利なツールも使い方次第では大いに役立つこともあれば、期待とは裏腹に大した意味を成さないこともある。ビジネスで使う以上は、仕事に役立つように使いたいものだ。

そこで、実際に私が使っている例を紹介しよう。

私は、スケジュール管理は手帳（能率手帳）で行っている。手帳は持ち慣れたものが一番使いやすい。人に会う機会が多いので、左側の行動予定欄に名前・待ち合わせ時間・場所などを、右側のスペースには重要な事項だけをメモする。そうしないと小さな字で書いてもすぐに書くスペースがなくなるからだ。１年間使うには、どう考えてもスペースがたりない。

【①ひらめきやアイデアを記録する】

電車やタクシーなどに乗っているときにひらめいたことや思いついたことを、忘れない間に殴り書きをする。**とにかく思いつくままにどんどん書き込んでいく。**たりなければ２枚でも、３枚でも使う。それを手帳の最後に貼っておき、あとで（あまり時間を置かず）整理する。

【②情報を記録して整理する】

雑誌・新聞・ラジオ・テレビ・電車の中吊り広告……など、おもしろそうな情報は即座に書き留める。基本的には、キーワードと数字だけを羅列する。これだけでほぼ頭に入る。

実際にペンを走らせることで、その場でインプットが可能だ。**役立ちそうな情報は、このメモをもとに詳しく調べる。**必ず日付と媒体名は書いておく。

【③話のネタをメモする】

原稿を執筆する際に、じつはこれが一番役に立つ。**打ち合わせや夜のおつき合いの席での雑談は、思いがけないような興味深いネタが手に入る。**そういうときに気軽に書き込めるポストイットはありがたい。

あとで見て大笑いすることも多い。もちろん、内容を整理してノートに書き記しておく。

【④スピーチなどの骨格をつくる】

仕事柄、人前で喋らなくてはならないこと

アイデアを記録する

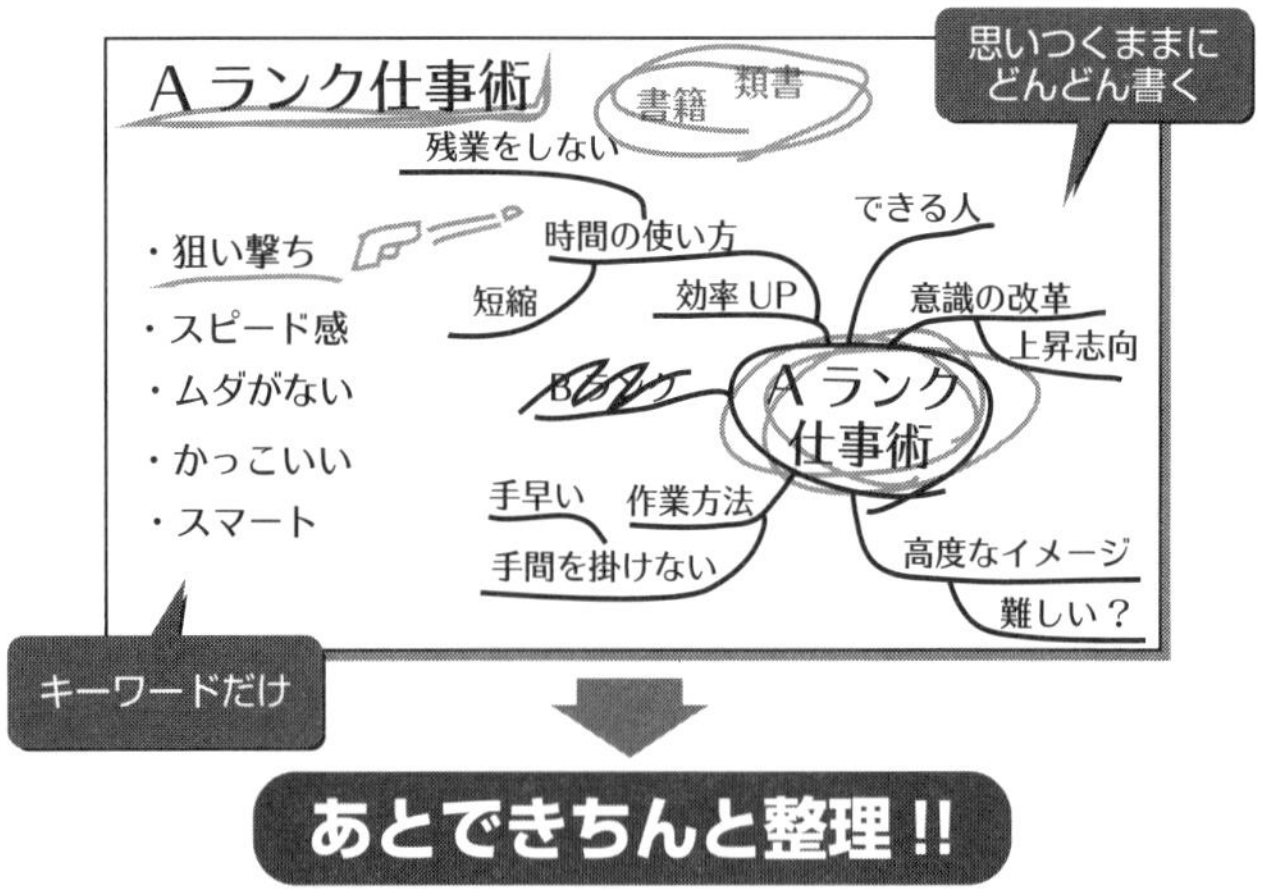

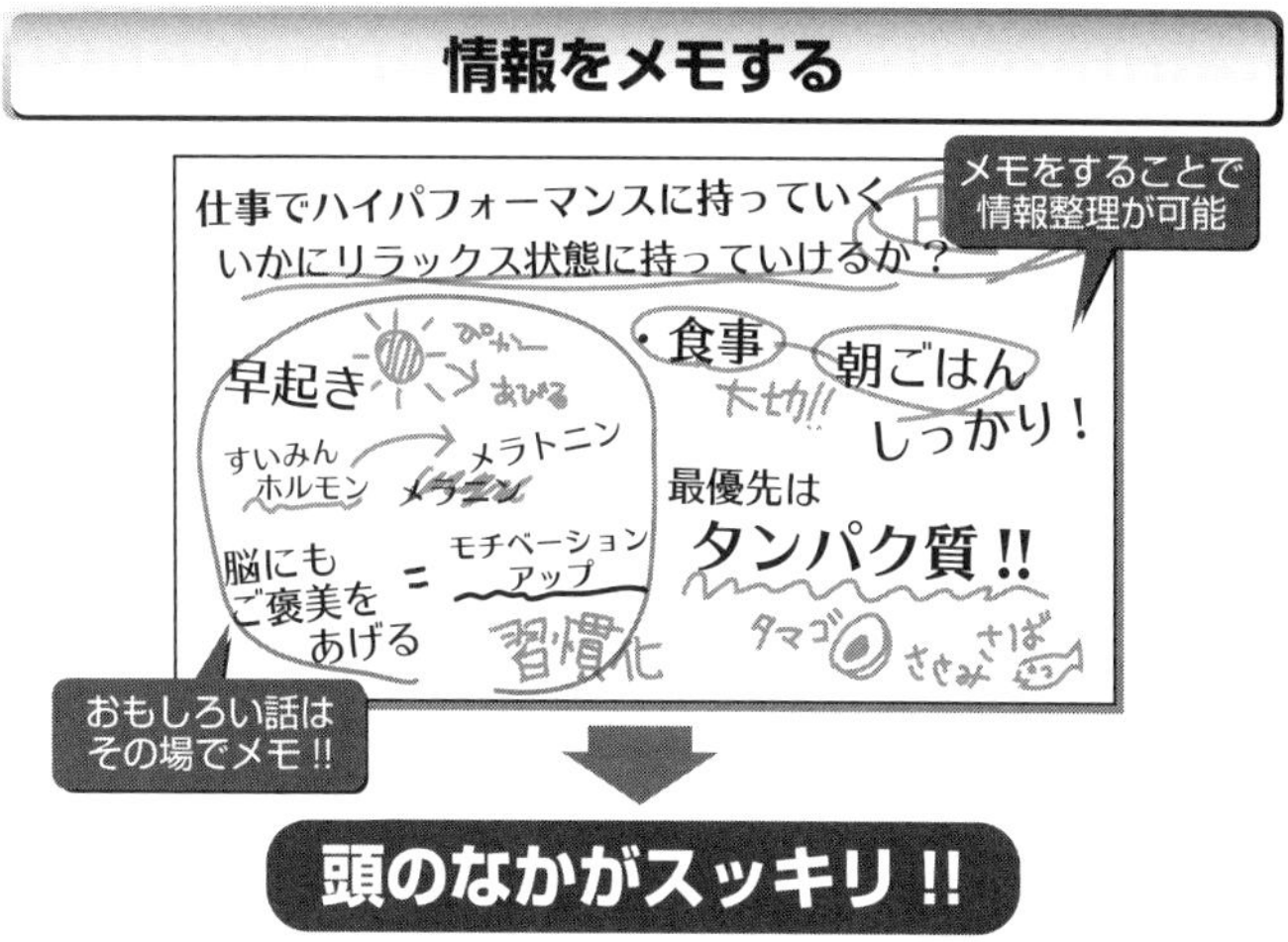

も多い。セミナーなどの専門領域ならば何度も同じことを話すので、特段用意するものも少ないが、パーティーや結婚式などでは、それぞれ話す内容を変えなければならない。時間もそんなに長くはもらえない。せいぜい数分程度だろう。

　そこで、あらかじめ3分間なら3分間分の、5分間なら5分間分のスピーチのシナリオをメモしておく。要は、骨格をつくるわけだ。

　といっても、キーワードを順番に書いておくだけだ。**話している途中で話す内容を忘れても、そのメモを見ればすぐに思い出せる。**

　私が仕事上で実際に活用しているのは、こんな程度である。それでもずいぶんと役に立っているのは事実だ。何よりメモをする習慣を身につけているだけでも、大いに効果が見込める。

こういう便利なツールを持つことで、仕事に対する意識も変わるものだ。安い投資である。

ポストイットに限らず、いつでも気軽にメモができるツールを持っていると、そこに何かを書き込みたくなるものである。〝書く〟という行為は、自分の考えやアイデアをまとめたり、整理したりするには抜群の威力を発揮する。気持ちも前向きになるから不思議である。

第5章

期限に対応する有効な段取りを考える

ムダな時間の使い方をいかになくすか

1 仕事の分担をはっきりと決める

基本的には、会社の仕事は誰か1人だけで行うことはない。共同して作業するケースのほうが多い。つまりメンバー各人の能力に応じて、作業を分担して行うことになる。どんな仕事でも、「誰か1人しかできない」では、組織の在り方として健全ではない。

1人が1つの仕事に取りつかれたようにやらないで、いくつかの仕事を同時進行しながら、それぞれの仕事の忙しさに合わせて、優先順位をきちんと決めておかなければ、仕事を上手く遂行することは不可能だ。これが会社組織での仕事の流れにおけるルールである。

会社の仕事には、それぞれに締め切り（納期）や工程というものが決められており、それらに基づいて、各仕事がタイムラグを置いて進行していく。

各人が最大の能力を発揮し、最高の時間の組み合わせをするのが理想型だ。仕事の分担や進行・連係という課題は、決まった時間のなかで、お互いがベストを尽くせるような組み合わせを決めることで解決できる。それによって、仕事の進行スピードも俄然アップするものだ。

優先順位を決めて仕事を分担

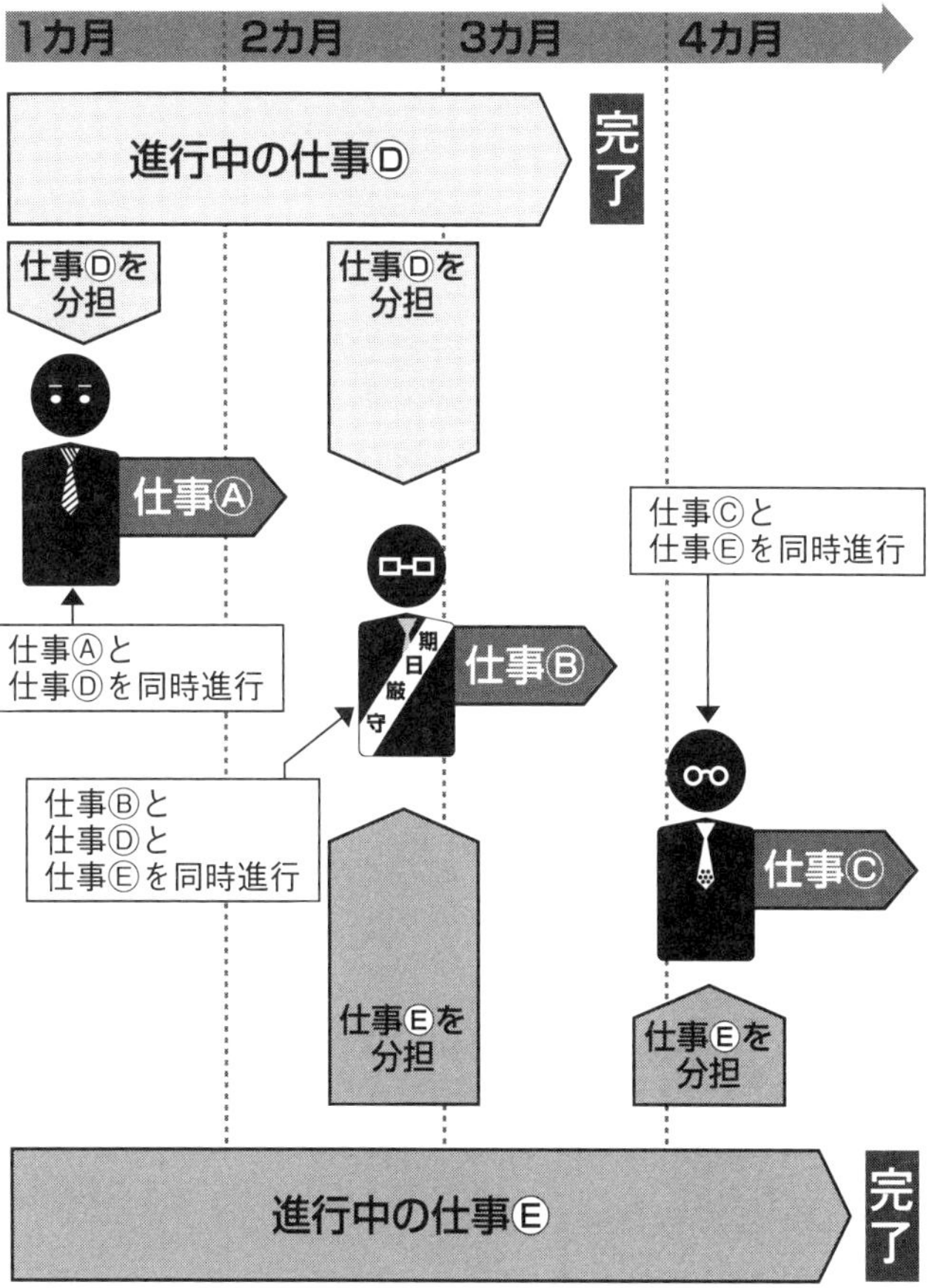

進捗状況を厳しくチェックして、
ムダな時間を徹底的になくす

一方、仕事の進行が上手くいかない場合は、メンバー各人がバラバラに好き勝手に仕事をしている可能性が非常に高い。ゆえに、仕事の効率も上がらなければ、クオリティも低いものになってしまうのである。このような〝悪弊〟を排除するには、ある人が自分の本来の仕事をやりながらも、グループで行う仕事も同時にこなしていくことが大切になってくる。

「そんなに一度に仕事はできない」

気持ちはわかる。だが、ビジネスの世界では、それは「甘えだ」と言わざるを得ない。仕事というのは、やっている人にはわかるが、1つの仕事がいつでも自分の身体をフルに動かしているわけではない。必ず「待ちの時間」というか、「会社には来ているが、特段とりあえずはすることがない」という仕事の空き状況があるだろう。

そんなときには、「時間が空きましたのでやりましょう！」「何かお手伝いさせてください！」などと自らの意思で申し出ることはできるはずだ。

このような仕事に対する前向きな姿勢や行動力があれば、仕事の進め方が上手になり、様々な仕事を同時進行できる能力を養うことも可能となる。そういう人が、結果的には自分の能力の幅を広げ、ビジネスパーソンとしても高い評価を得られることができるのだ。

2 チームを組んだときの仕事の段取り

最近では、1つの仕事をチームで仕上げるケースが増えている。一人ひとりの経験と力量によって適正な仕事の配分が可能になるだけでなく、総合的なクオリティを高める点でも大きなメリットがあるからだ。

たとえば、メンバーのなかに若手社員がいれば、たとえ経験が浅くとも「感覚」という点では、ほかのベテラン社員に負けない〝斬新さ〟を打ち出してくれることも十分にあり得る。

チームを組めば、当然ながらそれを統率するリーダーが必要だ。そのリーダーのもとで、各人の個性や能力、さらには空き時間などを踏まえて、仕事の分担が決まるわけである。

その際に気をつけなければならないことがある。

「人によって、仕事のスピードもクオリティも違う」――この点だ。

仕事がきちんとできる人は、1つの役割分担が決まったら、勤務時間に関係なく、様々な準備をして、最高の成果を導き出すために邁進する。ゆえに、仕事のクオリティも高い。

一方、仕事がルーズな人は、真逆だ。ダラダラと勤務時間を過ごし、締め切り（納期）間近のギリギリにチームリーダーから催促されて、ようやく重い腰を上げる。要は、すべての行動の原点が自分の都合にあるのだ。

人の顔や体型が多種多様のように、動きも感覚もそれぞれ違う。そのようななかで、チームを1つにまとめていくのは、まるで未熟なオーケストラの指揮を執るようなもので、なかなか上手くかみ合わず、チームリーダーが右往左往することも仕方がない。

チームをまとめる統率者としては、頭が痛いだろうが……。

こうした状態を最小限に抑えるうえでも、仕事をはじめる前段階に、締め切り（納期）や手順・段取りを考慮しながら、それに伴う細かい準備や作業のデッドラインなどをきちんと決めることが肝要だ。そうしないと、ある人は仕事のほとんどが終わっているが、ある人はほかのことにかまけてまったく手がついていないという仕事の進捗具合に歴然とした差が出てしまう。

仕事の内容や進行に関しての指示は、その人の性格やクセに合わせて、最終的には上手くまとまるように進行上のタイムラグを設けるようにしよう。

「三つ子の魂百まで」と言われるが、一度身についた性格やクセを変えるのは容易ではない。そのために時間を費やすのは「得策だ」とは言えない。であるならば、人のクセや性格をあらかじめ見抜いて対処するほうが最善策というもの。

「その人、その人の一番良いところを最大限に活かす」――。

これがチームを組むときの鉄則だ。

個人の欠点は、様々な方法でカバーしていくほうが、全体としては良い成果が得られる。これが複数の人が共同でお互いに協力して仕事を遂行するうえで、最適な方法なのだ。

同時に、時間も各人の能力も有効に活用できる仕事のやり方でもある。

3 プロジェクトの編成は柔軟に

1つのセクションにいる人間は限られている。私たちの仕事では、少ない人数でいかに多くの仕事をこなし、しかもクオリティの高い仕事を成し遂げるかが重要な課題である。

そこで、どのようにすれば、この課題を実現できるかを考えてみたい。

結論を先に述べれば、メンバーを仕事のテーマに応じて、様々なプロジェクトに交差して活用することだ。そのためにも、**それぞれの仕事が、どのような過程を踏まえながら進んでいくのかというおおよその進行計画を立てなければならない。その計画がより綿密で、的確であればあるほど、人の配置や指示の仕方は的を射る。**

しかし、すべての仕事が〝機械的〟に動くわけではない。ゆえに、仕事の進行過程で必要であれば随時調整を行うことになる。また、ある程度進んだ段階では「もうこの人に任せておけば良い」という仕事も出てくるだろうから、その仕事から離れた人は、ほかのプロジェクトに参加させる。つまりメンバーをどんどん様々なプロジェクトに参加させていくわけだ。

この手法は、各メンバーの仕事の能力をアップさせる点で絶大な効果がある。

有効なプロジェクトの編成

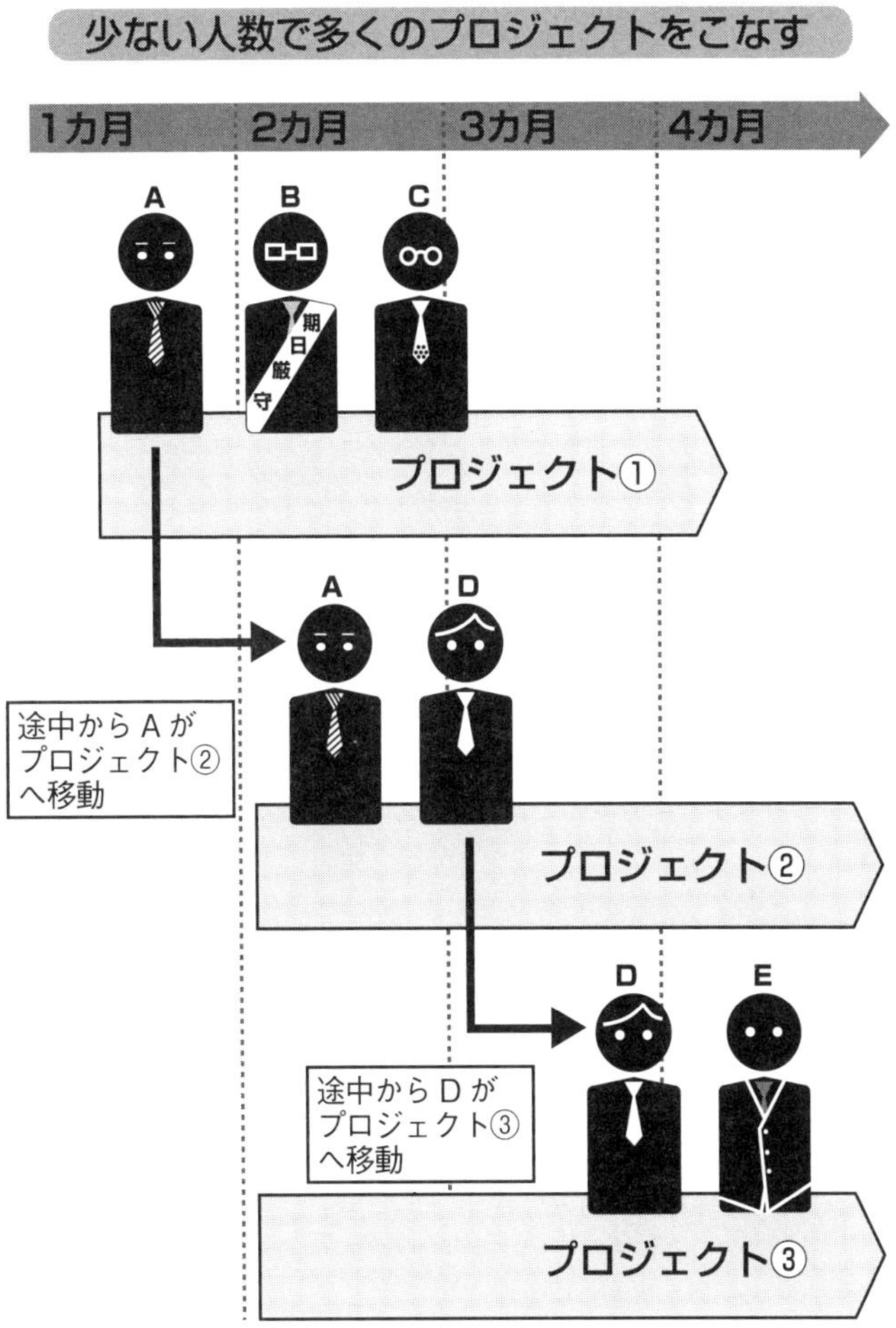

組み合わせ方は、これまでの各人の実績に応じて変えていく。そのなかで今までにはなかった仕事の付加価値がどんどん蓄積されていく。仕事をやればやるほどノウハウが蓄積され、より価値のある仕事を生み出し、成し遂げていくことができるようになる。

そのためにも、「最初から楽な仕事はない」という意識をきちんと持つことが大切である。ほとんど何も手を加えず、大した苦労もしないで、仕事が進むことは、まずあり得ない。

厳しい条件下での仕事ができなければ、必要な能力はつちかわれないし、ノウハウも増えることはない。難解な仕事や苦労する仕事を、最終的には満足のいくように仕上げていくのが本当のビジネスなのである。それを厭うような社員ばかりが増えたり、そのような空気が蔓延した職場環境では、「会社の未来はない」と言っても過言ではないだろう。

仕事は、あくまでも結果がすべてだ！　ゆえに、いかなるアイデアでも、たとえ小さな素材であっても、上手く活かしながら価値あるものをどんどん創造していくことが、ビジネスパーソンに課された使命だ。プロジェクトは、そのために組織され、機能させるものである。

4 仕事の段取りは1週間単位で決める

仕事の段取りを決める際は、1週間単位でのスケジュールを組むと効果的だ。1カ月先まで細かく決めておいても、なかなかスケジュール通りにはいかない。必ずどこかで修正しなければならなくなる。**1週間くらいならば、だいたいのことはその段取りの範囲内に納まる。修正するのも容易だし、現実的な対応もやりやすい。**

通常、仕事は以下の2つに区分する。

①自分で必ずやらなければならない「メイン」の仕事
②膨大な時間を費やさなくともできる「サブ」の仕事

もちろん、メイン・サブのいずれも大切な仕事であることに変わりはない。だが、メインの仕事は、それナシには自分の存在感がないというような重要なものだ。自分以外には誰もやらないものである。それをやるという立場があるから、サブの仕事も必要になってくるのだ。

たとえば、月曜日の会議も「会議のための会議」では、なんら意味を成さない。本来の仕事があって、その仕事を「どのようにスムーズに進めていくか」ということを確認し合わなければ意味がないのだ。いわば「身近なサイクルでの作戦を考える」ということである。

なんの作戦もナシに、ただ闇雲に動いても〝お疲れ損〟になることが多い。それをなるべく意味のあるものにするのが作戦、すなわち会議である。

メールの確認にしても、様々な情報のやり取りのなかで、できるだけスムーズな仕事の進行を図るために必要なことを確認するからこそ役に立つ。

営業マンを管理する優秀なリーダーは、1週間単位での目標数字の設定（作戦を立てて）をして、営業マン個人に管理させる。1カ月単位での目標管理よりもはるかに達成率が高いからである。スランプも少なくなる。

個人差もあるだろうが……私は1週間単位でのスケジュールを組んだほうが、俄然仕事ははかどる。生きた仕事をしているように感じる。

もし今、あなたの職場でメンバーの士気が欠けているならば、週単位の目標管理に重点を置いてみて欲しい。一人ひとりがキビキビした行動ができるようになるはずだ。適当な緊張感も持続するから一石二鳥である。

1 週間単位の仕事のスケジュール

	仕事の内容		
月	・打ち合わせ ・メインの仕事	相関関係	・サブの仕事
火	○○氏に確認! ・メインの仕事	相関関係	・サブの仕事
水	・来客(来社)○○時～A さん ・メインの仕事	相関関係	・サブの仕事
木	・来客(訪問) ▲駅 13時 ○○時～S さん	相関関係	・資料作成
	・メインの仕事	相関関係	・サブの仕事
金	・打ち合わせ	相関関係	・報告書作成 15時締切!!
	・メインの仕事	相関関係	・サブの仕事

Point

週単位の目標管理に重点を置くのが良い!!

5 週単位の集合体が月間スケジュール

1週間のスケジュールのなかに、日々の仕事のスケジュールがある。その1週間の4週分（5週分）が1カ月のスケジュールになる。基本的には、ほとんどの会社が1カ月単位での目標を設定しているはずだ。給料が月単位で支払われる会社が大半だから、資金繰りの面からも「理に叶っている」とも言えるだろう。

あくまでも、週単位の集合体が1カ月のスケジュールということになる。それがきちんとできていれば、「この仕事は終わったが、さて次は……」などというようないきあたりばったりの仕事のやり方をしなくても良いわけだ。

1つの仕事をやっている過程で、次の仕事の内容が固まり、細目が決まっていく。次の仕事へスムーズに入っていくための段取りである。

会社の仕事では、複数の仕事を同時にこなしていく能力が必須だ。その点では、先々の仕事の課題を幾重にも持ちながら、仕事をこなしていくことになる。それができる人が、できるビジネスパーソンであり、「Aランクの仕事のやり方を体得している人だ」と言えるのだ。

月単位の仕事のスケジュール

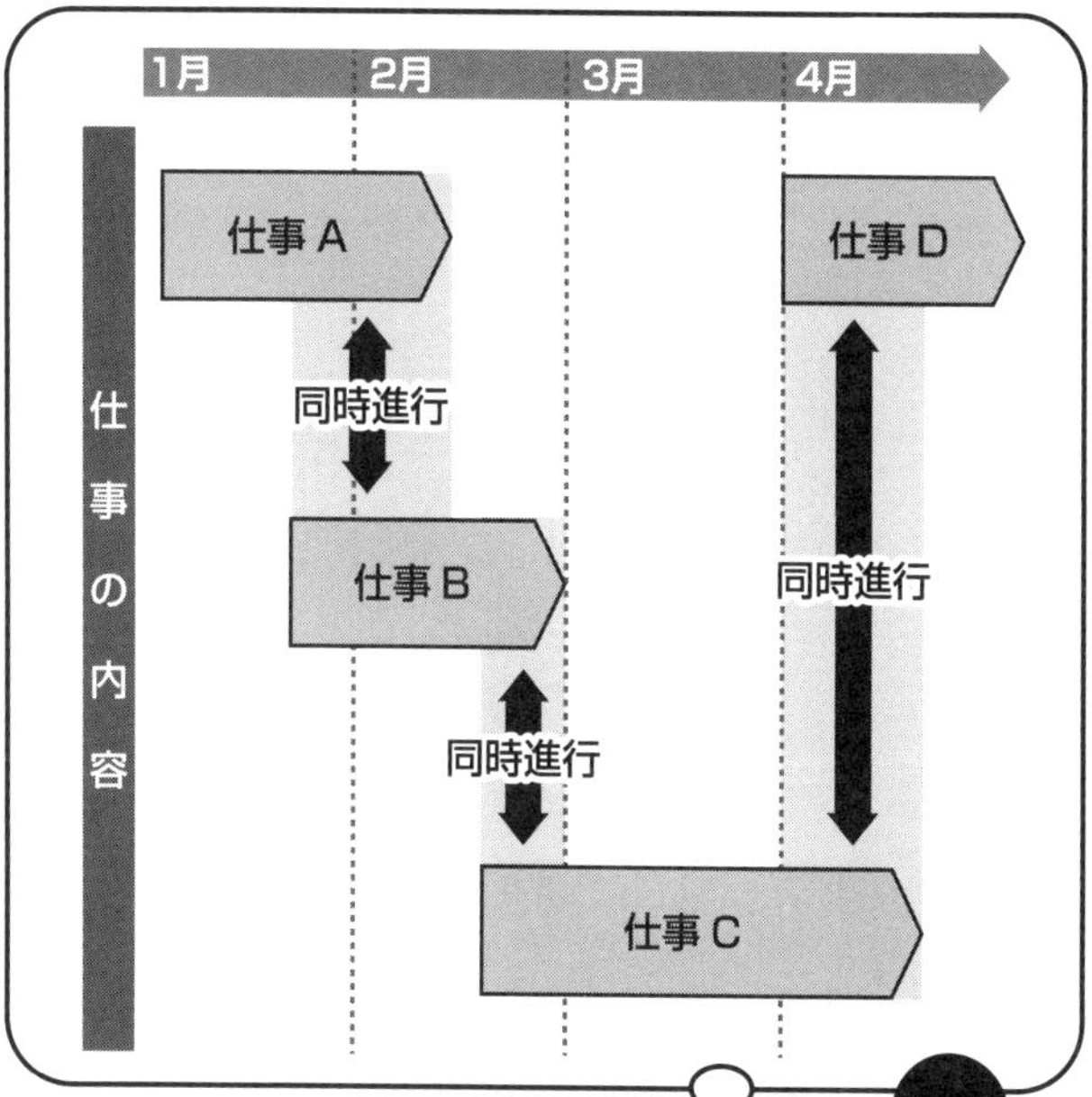

「１月は『仕事 A』を開始して２月の半ばまでに終わらせて、『仕事 B』も１月の半ばから手をつけはじめて、『仕事 A』が終わった２月の半ばから『仕事C』を『仕事 B』と同時進行させせよう。そして……」

Point

先々の仕事の課題をいくつも持ちつつ、確実に仕事をこなしていく!!

実際のビジネスの場面では、臨時にやらなければならない仕事ができたり、突然に予期せぬトラブルが発生することもしばしば。だが、前述したような発想があれば〝ムダな間〟というものがないから、いかなる事態に遭遇してもあわてることはない。

私たちの行動は、1カ月の単位で見れば、アバウトな面が結構あるものだ。ただ、そのアバウトさがあるからこそ、仕事のやりくりはいくらでもできる。そういう意味で月単位でのスケジュールがあると考えるほうが現実的だろう。

仕事の内容にもよりけりだが、1週間前の仕事をチェックし、調整しながら、次の1週間の仕事をする。それを4〜5週単位にまとめて月間目標にするほうが、はるかに効率は良い。

目標は細分化してみると、意外と達成しやすいものである。そのほうが、具体的に、迅速に行動できるようになる。

たとえば、具体的な売上目標を数字で設定される販売部門では、1カ月の売上目標を1週間単位に割りふって、営業マンのモチベーションを高めれば、今まで売上目標を達成することができなかった営業マンが、驚くほどの数字を出すことがある。

それだけフレキシブルに行動できるからだ。

6 年間の予定を組んで効率的な仕事をする

概ね、仕事はある程度の期間を要するものである。それが1カ月か、半年か、または2年かは、それぞれの仕事の内容によって異なってくる。

たとえば、「短期間にやる」といっても、1週間で終わるようなものもあれば、2カ月を要するものもある。ゆえに、会社組織としては「誰が」「なんの仕事で」「どれだけの手間を掛けているか」ということを把握しておかなければならない。

「人材育成」という面では、長期のスパンで能力を開発していかなければならない。その人にふさわしい役目をいかに果たしてもらうかという視点で、それなりの時間を掛けなければ、人は育たない。そういうスケジュールは、1年単位で組むのが妥当だ。

その人の力量や能力に合わせて、年間の業務の進行状況を段取りすることは、その会社にとっても最適な人の動きと仕事の進行を可能にする。

通常、会社の決算が1年に一度であるように、会社の経営自体は1年単位で経営目標が示されることが多い。

もちろん、年間スケジュールは経営の流れを把握したものでなければならない。会社運営には、戦略や戦術が不可欠だ。いわば会社としての意思決定が成されなければ、会社はまともに動かない。つまり「経営会議」「戦略会議」で綿密な経営戦略が練られ、具体的な戦術の基本的な部分が決められる。

しかし、いくら会議で決められても具体的に遂行されなければ、なんにもならない。大切なことは経営戦略に則って、どんな人材を用意し、成果の出る環境をどう構築していくかだ。また、トップから見たときに一目瞭然でわかるようになっていなければならない。

それらを踏まえて、年間スケジュールを立てることになる。

経営の形態を〝ワンマン〟というような原始的なものではなく、体系的にしておくことで、新たな価値を生み出す余裕が生まれてくることを知っておいて欲しい。経営の流れを明確化することで、仕事の分担・責任・権限というものがより具現化され、効率化をさらに促進することにもつながる。そのための最小単位が年間スケジュールなのだ。

1年というのは短いようだが、仕事をするうえでは十分な成果を上げることができる期間でもある。ゆえに、年間スケジュールがいい加減だと、企業の方向性もいい加減なものになってしまう。

中・長期的な仕事のスケジュール

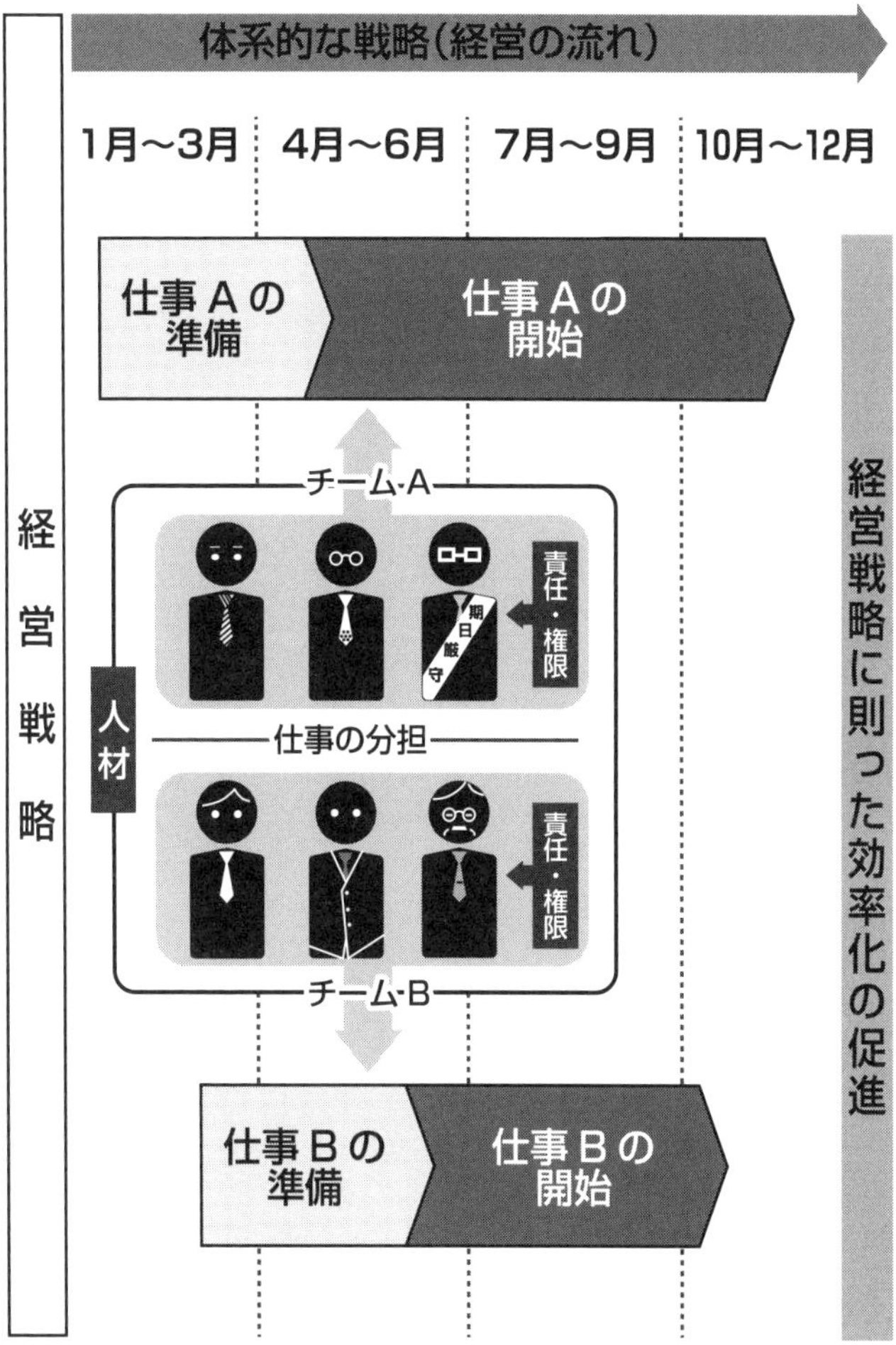

7 外回りの仕事で時間のロスをなくす

外回りは、営業の仕事だ。この営業という仕事は、ある面では時間との勝負である。限られた時間のなかで、どれだけ効率的に稼ぎ出すかが問われるからだ。

概して良い成果を出せない営業マンは、時間のロスが多い。言い換えれば、計画性のない訪問を繰り返している。顧客管理もロクにできていない。

営業という仕事は、自分がどのように動こうが、何をしてようが、上司から監視されるわけではない。ゆえに、自分の意識や仕事への意欲が問題になる。

営業の仕事は、1日や1週間くらいでは成果はわからない。だが、1カ月もすれば、確実に数字として現れる。数字は正直なのだ。もし誰も監視していないことを良いことに、どこかで〝油を売っている〟と、売上グラフは全然伸びない結果となる。

とかく優秀な営業マンは、行動が正確だ。きちんと訪問計画を立てて必要な準備を整える。そして自分を奮い立たせて意識を向上させていく。何事にもメリハリをつけてどんどん積極的に行動する。約束の時間に遅れることもない。小さな約束でも必ず守る。要するに自己管理が徹底しているのだ。だから、コストを意識した仕事ができるのである。

そのためには、外回りをしながらも、時間の余裕を見ながら、自分の行動を報告するとともに、ほかからの連絡が自分に入っていないかどうかを確かめることだ。仕事の正確さ、スピード感ある対応をするうえでも欠かせないことである。

もちろん、出先では本屋や図書館など、仕事の肥やしになるようなところへ出入りすることは、大いに結構だ。その代わり、主体性を持って自分の仕事の幅を広げるようにするのが、自分のためであることを意識しながら、陰ひなたのない行動を取らなければならない。

そうしないと「あの人は外へ出たら、いったい何をしているのかがわからない」ということになり、会社はもちろん、同僚たちからの信用も失うだろう。

大切なことは、人が見ていないときこそ、まじめに、しっかり行動することである。外回りの仕事は、こういう意識を常に持っていないと次第に意欲も失せてくるものだ。

人生にとって、意欲が失せることほど大きなロスはない。

それを排除してくれるのが……「時間」という制約かもしれない。

第6章

集中力の高い時間帯をフル活用！

調子の良いときにどんどんやる！

1 朝の時間で重要な仕事を片づける

昔から「早起きは三文の得」と言われる。今でもこの言葉は生きている。とくに毎日満員電車に揺られて通勤する人には、なおさらである。

「朝は1分でも長く寝ていたほうが得をしたような気がする」――。

これが人間のホンネだろう。

だが、朝寝坊をして、いつも遅刻ばかりしているビジネスパーソンで成功した人はいない。その証拠に大企業の重役は、だいたいは早出で会社に来る。これは重役だから早く来るのではなく、早く来るような人が重役になって重要な役目を担うのだ。

早起きをすれば、身体は誰よりも早く活動できる態勢になる。少しはすいた電車に乗れる。満員電車にもまれて職場に着けば、くたびれ果ててしまうのが普通だが、そういうことも緩和されるはずだ。ゆえに、このメリットは非常に大きい。すいている電車ならば、新聞や資料を読んだり、企画を練ったり、文書の原案を考えてメモをすることが可能になるからだ。

さらに早く出社すれば、前日の残った仕事やその日の仕事の準備もできる。

まさに三文以上の得を得ることができるわけだ。

「始め良ければ終わり良し」で、会社に早く出社すれば、仕事が順調、且つ効率的にできるようになる。この〝快感〟は経験した人間にしかわからない。

私の知人の1人に出版社の編集部長がいるが、彼は毎朝7時に出社してくる。

「朝の2時間は抜群に仕事がはかどる。4時間分くらいの仕事ができる。一番うれしいのは余計な邪魔が入らないから集中できることだ！」

彼の弁である。


仕事の内容にもよるが、集中力が要求される仕事は、誰にも邪魔されない朝時間に行うのが最適だ。1日24時間で、もっともムダに過ごしやすいのが朝である。この朝時間を有効活用することで、仕事へのスタンスもガラリと変わってくるものだ。


朝が苦手な人もいるだろう。だが、何事も苦手なことをそのままにしておいては、新たな価値は生まれない。視野も思考も広がらない。苦手なことを克服すれば、それだけで大きな自信となり、人生そのものを変えてしまうことさえもある。

ビジネスでは、目標を達成すること、つまりは結果がすべてであり、何時間働いたかではない。確実に目標を達成し、結果を出していくうえでも、朝時間の使い方を見直して欲しい。

2 週のはじめにはもっとも重要な仕事をする

仕事は、集中力があるときに行えば、良い結果を伴うものだ。1週間単位で見るならば、週のはじめが、そのための「絶好のチャンスの時間だ」と言えるだろう。ゆえに、週のはじめは余計な仕事を入れないで、重要な仕事のための時間として確保しておくことが肝要だ。

「月曜日は……どうも気分が乗らない」

こういうことを言う人もいるが、**週末と比較した場合、やはり休みに心も身体もリフレッシュされた状態で迎える週はじめは、集中する仕事には向いている。**「乗らない」と感じるのは、休日と勤務という〝ギャップ〟から感じるだけで、身体はきちんと休んでいる。ゴルフやスポーツジムなどに行けば、身体は疲れているかもしれないが、頭の休養は取れている。

その点では仕事に適しているわけで、やっているうちに能率は次第に上がってくるはずだ。とはいえ、集中力もいつまでも持続するわけではない。次第に弱まっていく。週の終わりの金曜日ともなれば、さすがに肉体的にも、精神的にも疲れているはずだ。抱えている仕事だけでなく、上司や同僚、さらには取引先やクライアントとの関係で、ストレスが蓄積されているかもしれない。ゆえに、休みの日に心身ともにリフレッシュしておかなければならない。

リフレッシュの方法に縛りはない。

自分が好きなこと、楽しめることをやれば良い。

たとえば、大好きなスイーツを食べに行ったり、好きな映画を観に行ったり、日頃なまっている身体を鍛えるためにスポーツをしたり……。

大切なのは、新たな週のはじめに備え、心身ともにリフレッシュしてパワーをしっかりと充電することである。

「俺は休んでいられない」などと言っている人に限って、疲れを持ち越し、結果的にミスが多くなる。これで身体まで壊してしまってはなんにもならない。

ビジネスの世界において、心身ともに健康であることも重要な要素である。ゆえに、休むべき日にまで仕事を持ち込んではいけない。休日まで仕事を持ち込むというのは、仕事の手順や段取りが悪いからであり、時間管理が上手くできていない証拠でもある。

「週末までになんとか終わらせれば良い」という発想では、結果的に見込み違いが起き、仕事が終わらない場合が多い。疲労だけが蓄積されて、仕事のパフォーマンスも下がるだろう。

仕事においては、「追い込み型」タイプの人より、「先行逃げ切り型」タイプの人のほうが、クオリティの高い仕事をする。言い換えれば、週の前半に集中して仕事をこなし、週の後半は余裕を持って仕事をしている。その分、次週の準備にも取り掛かれるわけだ。

「仕事は、常に早め早めに進める」――これは鉄則だ。

こういう意識がないと集中力は高まらない。週の最後に追い込もうとすると、集中力よりも焦りが出てきて上手くいかない。「やらなくては……」とは思っていても、なかなか本腰を入れないでダラダラとやるから、余計なストレスも抱えてしまう。

「機会は鳥のごとし。飛び去らぬうちに捉えよ」――。

18世紀のドイツの詩人であるフリードリヒ・ファン・シラーの言葉だ。

こういう気持ちがあれば、おのずと集中力も高まる。

大切な仕事は週のはじめに片づける

	仕事の内容	集中力
月	・先週末に作成した段取りのチェック **もっとも重要な仕事**	
火	・重要な仕事	集中力（高）
水	・そのほかの仕事	
木	・そのほかの仕事	集中力（低）
金	・そのほかの仕事 ・来週の準備	

Point

週のはじめに重要な仕事を片づけてしまう「先行逃げ切り型」になる!!

3 「1時間に5分の小休憩」は効果絶大？

人間の集中力は、そんなに長くは続かない。適当に休憩を取って働くほうが、俄然効率も上がるし、ムダな動きも少なくなる。そのためにも、1時間に5分（集中力が持続するときは2時間に10分）の小休憩を取り入れると良い。

私の経験上でも、この方法で仕事に対する集中力は格段に高まる。

集中力を維持できるのは、どんなに頑張ってもせいぜい2時間くらいで、それ以上になると心身ともに疲れを感じるようになる。**ムダに見えても、少しずつ休憩を取りながら、いざ仕事に向かうときには全力で取り組むリズムを自ら構築していくことが肝要だ。**

逆に適当な休憩を取らないと、仕事は緩慢になる。それではかえってムダな時間を使っていることになってしまう。

小休憩を効果的に取ることで、仕事にリズムが出てくる。そのリズムが、仕事を効率化させ、クオリティを高めることにつながるのだ。

ビジネスにおいて、それなりに自分のリズムを知り得ておくことは大切だ。そのうえで、自分の力を最大限に発揮できる仕事のスタイルを構築する。自分にとって最適な仕事のスタイルを構築しておけば、長時間に渡って効果的なリズムを持続させることが可能だ。

リズムが良いから、仕事の内容も俄然良くなる。

このような〝流れ〟をつくることが、ビジネスパーソンには不可欠である。

人によって仕事のリズムが変わってくるのは事実だ。ゆえに、「こうでなくてはならない」という縛りはない。自分に適した形での休憩の取り方を実践すれば良いだろう。

なかには、「下手に仕事を中断すると、その後流れに乗るのが大変だ」というタイプの人もいる。それはそれで、自分の最適な形で仕事をすれば良い。

少しずつ休憩を取りながら、集中力を持続させることで、内容の濃い仕事ができることを、まずは知っておいて欲しい。長時間の仕事は、一見すると一生懸命に頑張っているように見えるが……効率重視の側面からは見た目ほどではないのである。

私自身、サラリーマン時代から1時間に5分の小休憩を取るように心掛けていた。それが私のリズムになっている。立ち上がって、首をクルクル回す。肩を上下に動かす。背筋を伸ばして背中の筋肉をほぐす――約5分程度。これで集中力が持続する。あくまで休憩は5分程度に留めて欲しい。長く取りすぎるとかえって集中力が途切れてしまうからだ。

4 タイプに合わせて仕事の強弱をつける

仕事を上手く遂行するには、どこかに〝集中の山〟というものを持ってこなければならない。理想としては、朝なのだが……なかには、一生懸命に頑張っても、朝はなかなか効率的な仕事ができない人もいる。いわゆる「低血圧」の人だ。

とはいえ、「毎日残業をしないと仕事が終わらない」では困る。そのような人は、夕方の5時には仕事が終わるように、意識的に身体の調子を上げていくことが肝要だ。

朝型の人は、脳も心もフレキシブルな状態の朝のうちに抱えている仕事をどんどん終わらせることができる。規定の仕事が終われば、ほかの仕事を追いかけていくことも可能だ。

これが一番理想的な形である。

他方、午後からようやくエンジンが掛かる人は、朝は様々な段取りや準備・連絡などをやりつつ、自分の集中力を高めていけば良いだろう。ただし、この午後型をできるだけ前に前に持ってくる努力は惜しまないで欲しい。そのためにも、早起きの習慣を身につけることだ。

たとえば、早く起きて、近所を散歩したり、新聞や雑誌を読んだりして、身体をできるだけ

あなたは身体のリズムを変えられるか？

朝型の人 → 朝をさらに充実させる！

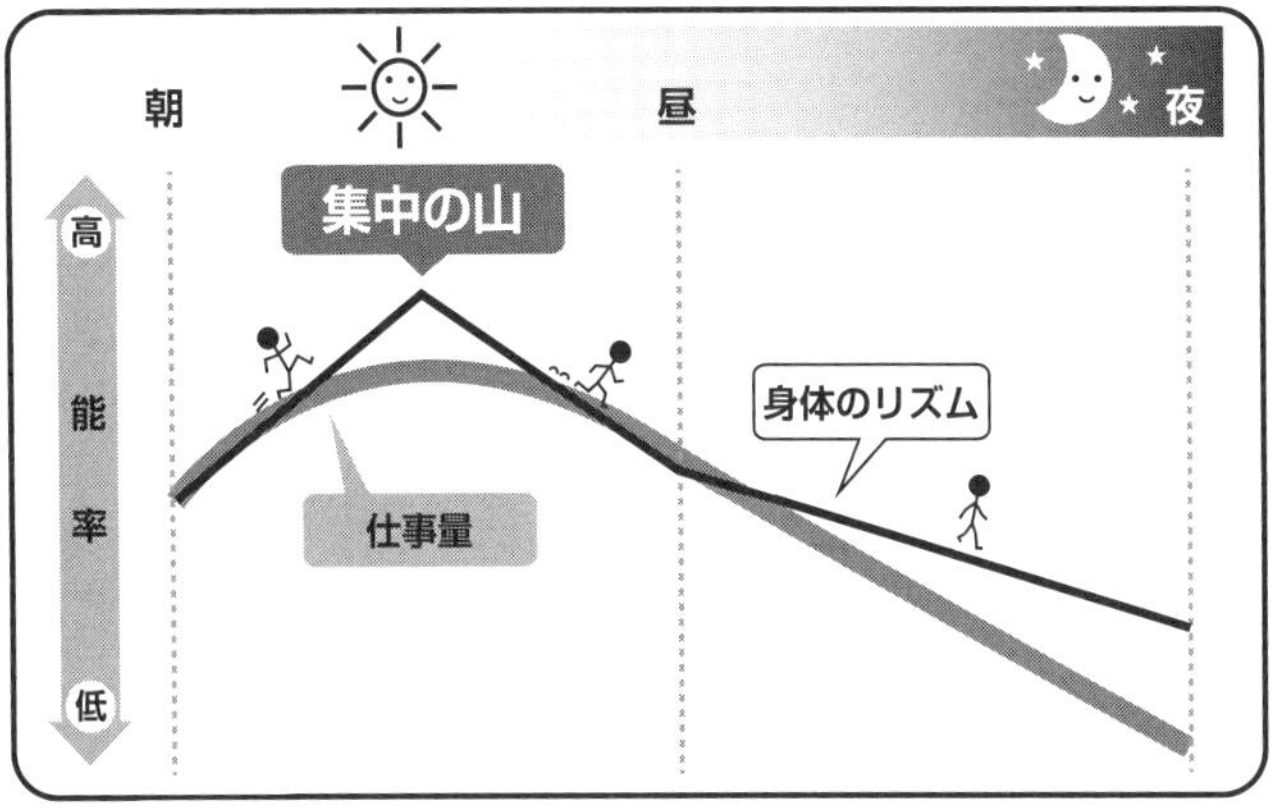

夜型の人 → 「体内時計」を朝型に！

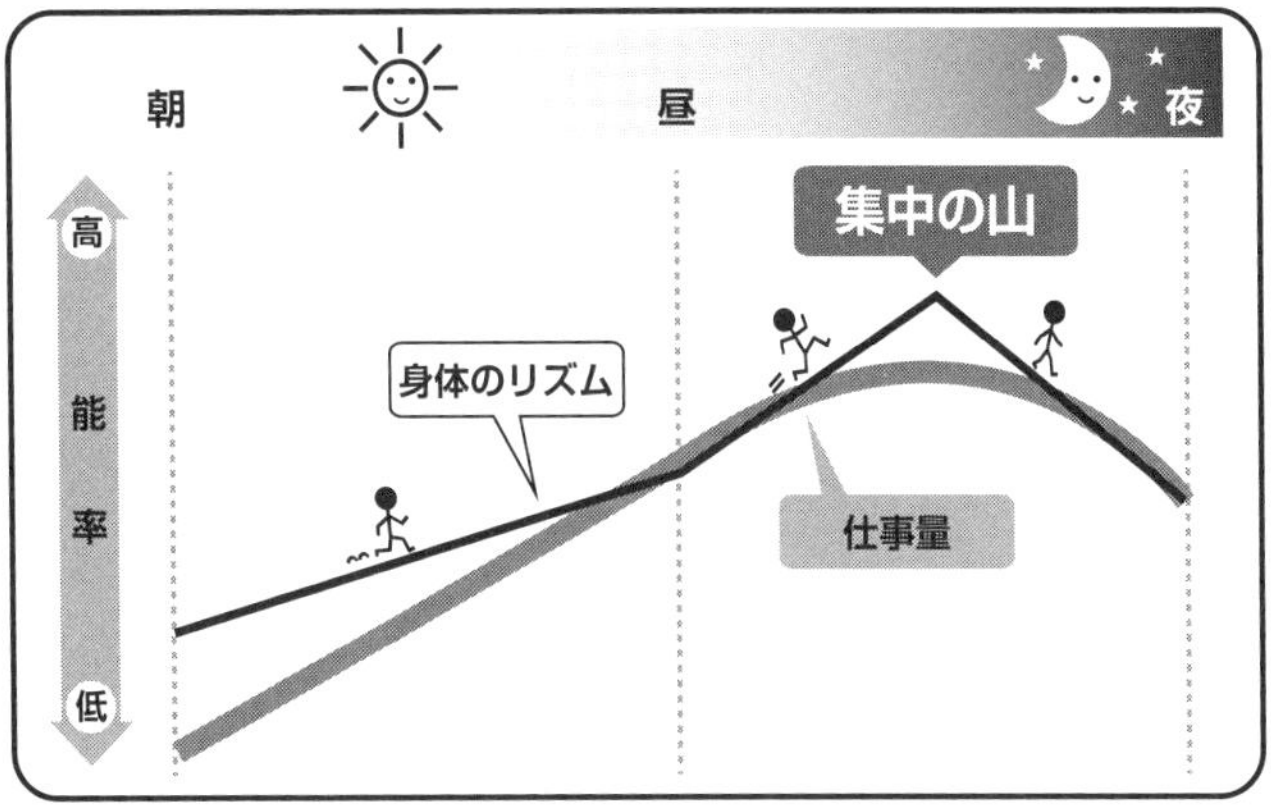

早めに活動させるのだ。こうした朝時間に行う習慣を取り入れることで、午後型から朝型のリズムに徐々に変えていけるだろう。

一般的に、身体が目を覚ますのは「起きてから3時間」と言われるが、低血圧の人は、それが通常よりも長い時間であることが多い。であるならば、活動を早めて好調な時間を前に持ってくる習慣を取り入れて欲しい。これは決して難しいことではない。

夜型の人も、今までの習慣がそうさせてしまったのであって、いわゆる「体内時計」を昼間にずらしていくことで、朝型に変えることも特段難しいことではない。要は、様々な試みをしながら最適な方法を導き出すことが大切なのだ。

仕事に限らず、ちょっと気持ちを切り替えて日頃の行動スタイルや習慣を変えてみると、今まで知り得なかったことや見過ごしていたことに気づくことも多い。それは極めて新鮮な発見であったりする。見飽きたはずの街の風景でも、必ず新しい発見がある。

何事もやってみなければわからない。やってみてはじめてわかることもある。ゆえに、「自分は夜型人間だから」「どうも午後にならないと調子が出ない」などと固定観念に縛られないで、あらゆることを試してみて欲しい。

そういう前向きな意識や行動が、人間を成長させるのではないだろうか。

5 「報連相」は時間を決めて行う

どこの会社でも頻繁に見られるのが、部下が「報連相（報告・連絡・相談）」のために上司をさがし回る光景である。考えてみれば、社内でこんなバカげたことが平然と行われていること自体、時間のムダづかい以外のなにものでもない。

すべての情報を瞬時に処理するマルチメディアの現代社会において、こんなことをやっていたのでは、お笑いものだ。そのために、本来の仕事が手につかなかったり、遅れたのでは、不合理な仕事の〝コンクール〟をやっているようなものだ。

こうした不合理をなくすためには、たとえば上司と部下の連係については、ある程度時間やタイミングを決めて、双方がムダな時間を過ごさないようなルールを設定しておくことだ。

世の中には、部下が自分をさがすために苦労している姿を見て、いかにも心地良く思ったり、いかにも権威があって良いというような錯覚をしているバカげた上司がいないでもない。

そこで、このような不合理をなくすうえでも、上司が部下から受けつける「報連相（報告・連絡・相談）」のタイミングをきちんと決めておく必要がある。

「そんなことが、毎日の業務でできるはずがない」

果たして、本当にそうだろうか。上司も部下も、絶対に遅らせることができない仕事がある場合には、綿密な連絡を取り合って、万全なスケジュール管理を行うはずである。

時間の効率化や人員を有効活用するうえでも、毎日の仕事の進行に関する上司と部下のコミュニケーションのリズムは明確に決めておくのが賢明だ。これは社内・社外のいずれの場合にも同様であり、決まりがあれば、みんなが効率的な動きをすることができる。

「必要なときが、報連相をするとき」――。

このようなアバウトなやり方では、それこそ、1日中、「報連相（報告・連絡・相談）」のことで気持ちが落ち着かなかったり、「報告がなかった」「連絡したがいなかった」などというようなバカげた状況が起こる。明らかに時間のムダづかいであり、徹底的に排除すべきである。

「報連相（報告・連絡・相談）」が円滑であれば、社内の人間関係もすこぶる上手くいくものだ。コミュニケーションを円滑にすることは職場のモラルも高める。だからといって、それが仕事の中心になるようでは困る。ビジネスパーソンである以上は、「時間＝コスト」という意識で生産性をいかに高めるかを常に考え、実際の行動に移していかなくてはならない。

１日のどこに「報連相」の時間を設定するか？

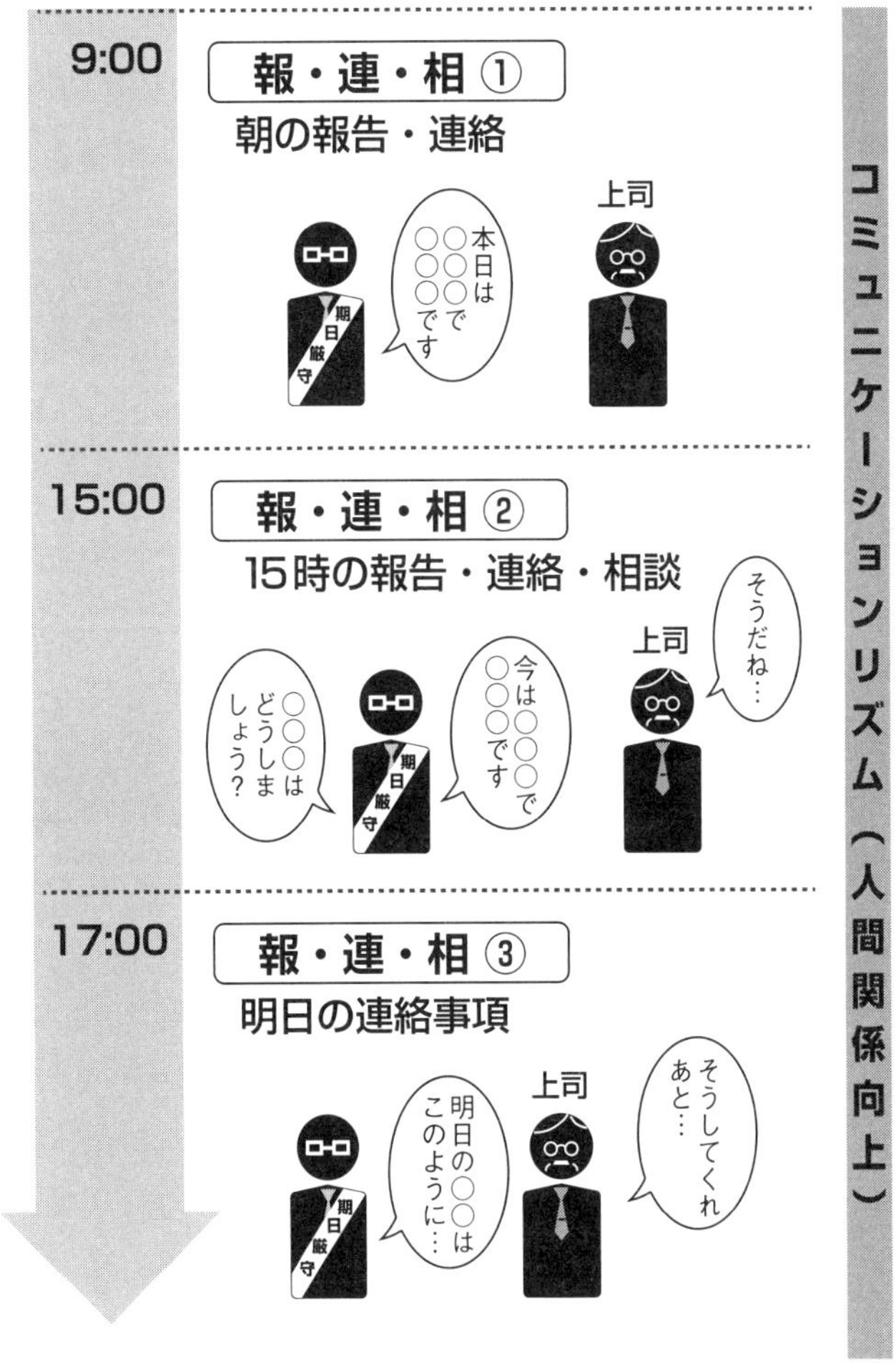
9:00
報・連・相 ①
朝の報告・連絡
上司
期日厳守
本日は○○○で○○○です
15:00
報・連・相 ②
15時の報告・連絡・相談
上司
期日厳守
○○○はどうしましょう?
今は○○○○で○○○です
そうだね…
17:00
報・連・相 ③
明日の連絡事項
上司
期日厳守
明日の○○はこのように…
そうしてくれあと…
コミュニケーションリズム（人間関係向上）

6 今日の仕事は明日に持ち越さない

一緒に仕事をしてみると明らかにわかるのだが、決められた期限に遅れる人と、決められた期限までにきちんと仕事を完遂する人は、おおよそ決まっているものだ。

遅れる人は、いつでも遅れる。完遂する人は、いつでもきちんと終わらせる。

この差はいったい何か――。

はっきり言って、仕事に対する意識（心掛け）の差である。

ここで、どのような意識（心掛け）の差があるのかを見てみよう。

【仕事がきちんとできる人】

①「仕事は計画ありき」の意識がしっかりしている
②常に早め早めの行動を心掛けて実践している
③仕事が終わらないと否が応にも気になる
④決めたことはきちんと実行する習慣が身についている

⑤基本的にウソ偽りが言えない
⑥常に他人の立場で物事を考えることができる
⑦「仕事が終わったあとの時間も有効に使いたい」と考える
⑧自分の健康管理を徹底している
⑨「実践家」タイプである
⑩主体性があって何事も具体的に考える

【仕事がルーズな人】

①行動の原点が自分の都合にある
②他人よりも自分のことを最優先に考える
③約束事を手帳などにメモをしない
④遅れても「なんとかなる」と考える
⑤催促されてからようやく仕事をはじめる
⑥何か１つのことをはじめたら、それ以外は忘れてしまう
⑦友だちから声が掛かったら用事も忘れる
⑧仕事はいきあたりばったりで計画性がない

⑨「評論家」タイプである
⑩「時間＝コスト」意識が欠けている

案外、【仕事がルーズな人】に列挙した項目に該当することを平然とやっている人が多いのではないだろうか。自分では気づかないが、周囲からそう見られている人もいるはずだ。

仕事をするうえで大切なことは、「常に他人の立場に立って考える」という姿勢である。それがあれば、日常的にどんなアクシデントが起こっても、人との約束や決められたルールを破ったり、仕事の期限を延ばしたりはしないはずだ。

今日やることは、今日やるに限る。今日やらなければ、明日は多忙になる。

「のんびりやろうよ。明日は明日の風が吹く」――こんな意識は、即刻捨て去ることだ！

今の日本企業に、そんな甘い意識を持った社員に支払うお金はない。ロクな仕事もできないのに、常に自己保身ばかりを考えるような社員には集中力もクソもない。厳しい言い方かもしれないが、生き方そのものがいい加減なのだ！

残念なことだが……「ベテラン」と言われる社員のなかにも、こういう人は意外と多い。アフターファイブには、居酒屋で会社への批判や上司の悪口を〝酒の肴〟にウサをはらす。

あなたは果たしてどちらのタイプ？

仕事がきちんとできる人

1 「仕事は計画ありき」の意識がしっかりしている
2 常に早め早めの行動を心掛けて実践している
3 仕事が終わらないと否が応にも気になる
4 決めたことはきちんと実行する習慣が身についている
5 基本的にウソ偽りが言えない
6 常に他人の立場で物事を考えることができる
7 「仕事が終わったあとの時間も有効に使いたい」と考える
8 自分の健康管理を徹底している
9 「実践家」タイプである
10 主体性があって何事も具体的に考える

仕事がルーズな人

1 行動の原点が自分の都合にある
2 他人よりも自分のことを最優先に考える
3 約束事を手帳などにメモをしない
4 遅れても「なんとかなる」と考える
5 催促されてからようやく仕事をはじめる
6 何か１つのことをはじめたら、それ以外は忘れてしまう
7 友だちから声が掛かったら用事も忘れる
8 仕事はいきあたりばったりで計画性がない
9 「評論家」タイプである
10 「時間＝コスト」意識が欠けている

端から見ていると、「そこまで言うのなら、自分がやれよ！」と忠告したくなる。

もし、あなたの上司がこんな人物ならば「不幸だ」と言わざるを得ない。

会社への批判や上司の悪口を言うより、具体的な提言をする社員であって欲しい。くだらないご託を偉そうに並べる評論家よりも、実践家であって欲しい。「今日やることは明日に延ばさない！」という意識で、集中して仕事に励んで欲しい。

「私たちの大きな仕事は、遠くにある不明瞭なものを知ることではない。手近にある仕事を確実に行うことにある」――。

将来のことを考えるのも大切だが、それ以上に、今ある仕事をいかに確実に早く仕上げるか、クオリティの高いものにするか、そのためには何が必要なのかを考えることである。「今、成果を出さなければ未来はない」という危機感を常に持ちながら、「どうすれば最高の成果が出るのか」を考えていくことで、「達成したい！」という意欲も自然とわいてくるはずだ。

7 仕事をおもしろくすれば集中力は高まる

ある自動車販売会社のセールスマン教育セミナーでのことである。

開口一番に、こんな質問を投げ掛けてみた。

「今の仕事はおもしろいですか？　おもしろいと思う人は手を挙げてください」

「……」

30人近くいた受講生のなかで手を挙げたのは、たった１人。そのほかの人はうつむき加減に下を向いているだけだった。そのうちの１人のＡ君（20代後半）に聞いてみた。

「あなたは、なんのために仕事をしているのですか？」

「はっきり言って、給料をもらうためです。だから、仕事がおもしろいと感じたことはありません。毎日が地獄です。自分なりには頑張っているのですが……」

給料がもらえなければ、仕事をする人はいない。これは事実だ。

ビジネスは慈善事業ではない。だが、「毎日が地獄だ」と考えるのは、いくらなんでもさみしい。

トップセールスマンは、口を揃えて言う。

「毎日いろいろな人に会えるのは楽しいものです。確かにイヤな目に遭うこともありますが、それも考え方次第で、勉強だと思えばおもしろいものです。それを次の営業に活かせば良いのです。むしろ、そう思わなくてはやってられない仕事かもしれませんね」

仕事をおもしろくする秘訣が集約されているコメントである。

そうなのである。**イヤな仕事でも、つまらないと思う仕事でも、考え方次第で楽しくもなり、つまらなくもなるものだ。同じやるなら、おもしろく、楽しく仕事がしたい！**

そういう発想に切り替えるだけで、行動そのものが見違えるほどアクティブになるものだ。

いわゆるプラスの発想に切り替えることが大切なのである。


「プラスの発想→仕事はおもしろい→やる気が出る→集中力が高まる」

私の知人の1人に、住宅販売会社のトップセールスマンがいる。彼の売る秘訣は、身体が汗ばんできたときに、一挙に戸別訪問をするのだそうだ。そういうときは、気持ちが爽快で愉快になるという。そうすると集中力が出てきて、訪問軒数も増え、上手く契約まで漕ぎ着けるケースが多いのだそうだ。

逆に身体が汗ばんでいないときは、不思議とセールストークにも迫力が欠けることで、契約も上手くいかないケースが多いとか。

「営業マンは、走りながら考えよ！」と教える人がいる。あまり必要以上に考えすぎると、つい身構えてしまうことで、訪問するのが怖くなったり、億劫になったりするからだ。要は、気持ちが後ろ向きになってしまうのだ。

「同じやるなら、愉快な気持ちでやるに限る！」

彼の持論である。確かに心が愉快であれば、１日歩いても疲れを感じないが、憂鬱な気分で歩くとすぐに疲れてしまうものである。

その道の〝一流〟と称される人からは、じつに多くのことを学ぶことができる。皆に共通するのは、仕事に対する興味であり、人生に対する夢である。そして、常に前向きな発想で行動する姿である。そこには心地良い汗の香りが漂っている。

◎三流のビジネスパーソン↓イヤイヤながら仕事をする
◎二流のビジネスパーソン↓仕事をそれなりにはこなすが、それ以上でもそれ以下でもない
◎一流のビジネスパーソン↓夢とロマンを持って計画的に着実に仕事をこなす

あなたは、どう思うだろうか？

日々の仕事をおもしろくするには、何事にも好奇心を持って集中的に取り組むことである。そして、仕事を通して自分の夢やロマンを追い求めることだ。

「仕事は仕事、遊びは遊び」と、割り切るのは大切だが、仕事が単なる生活の糧を稼ぐ手段という考え方には、私は賛同できない。

「遊びが主で、仕事が従」という考え方は、ビジネス社会では通用しない。そんな考え方を吹聴するような人と誰も仕事をしたいとは思わない。仕事をおもしろくしようとしない人が、楽しく遊べるとは到底思えない。充実した人生が送れるはずもない。私は、そう思う。

第7章

能率を向上させる心と身体を持て！

フレキシブルな頭脳と柔軟性を養う

1 待ち時間や細切れ時間を活かす視点

人と待ち合わせても、指定通りの時間に会えるという確証はない。30分ないし1時間待たされることもある。待ち合わせが、カフェや喫茶店など、待ち時間を有効活用できる場所ならばまだ良いが、デパートの前や駅の改札口などで長時間待たされたら、それこそたまったものではない。ゆえに、人と会うときには相手が遅れてくることを考慮しておこう。

時間に厳格な人だって、何かのハプニングで遅れてしまうことも十分にあり得るからだ。

そのようなときに、**どちらに転んでもムダな時間にならないように、待ち時間を有効活用するための準備をしておけば、待たされてイライラすることもないだろう。**

たびたび待たされてイライラすることが多い人は、その時間を何かに活用して気分を落ち着かせる工夫を考えていない。これは長い間で計算すると……大変な時間の損失になる。

1週間にそのような待ち時間が1時間半もある人は、1カ月に6時間、年間では72時間もイライラしている。これでは身体にも良くないし、何よりも時間のムダづかいである。

待ち時間を有効活用する工夫を !!

「どうしても待つ時間ができちゃうんだよな…。
１年間で計算してみようか…」

週に3回　各々 30 分の待ち時間

1カ月では　1 時間 30 分 ×4 週間 = **6 時間**

12カ月では　6 時間 ×12 カ月 = **72 時間**

72時間はもったいない…

1 年間では大きな差になる

待ち時間の有効活用

・読書
・企画書や報告書の作成
・資格取得などの勉強

待ち時間も有効活用して
資格の勉強だ !!

他方、常に心の準備ができている人は、あわてない。動じない。むしろ、「ちょうど良い」とばかりに、本や資料を取り出して、さりげなくプラスになる何かをはじめる。

待ち時間や細切れ時間を有効活用するには、それなりの準備が必要だ。その準備ができていないと、約束の時間になっても現れない相手にイライラすることになるだろう。

これからは時代が激しく動く。そうなると、なんでもそこそこにできる〝ゼネラリスト〟ではなく、〝スペシャリスト〟が必要とされる。

そこで提案を1つ。資格を取るための勉強をしたらどうだろう。なんでも良いから資格取得に挑戦して欲しい。できれば今の仕事の役に立ち、将来独立する際に役立つものが良い。

とかく若い時分は、頭が柔らかい。記憶力も高い。「大学を卒業したから、もう勉強は必要ない」などとは絶対に思わないことだ。これからが、本当の勉強なのだから。

私も様々な資格を取ろうと頑張った。資格を取るには勉強をしなければならない。それは受かるためだが、ものは考えようで、たとえ試験に受からなくとも、勉強したことが役に立つ。

資格というのは、それで稼ぐという側面もあるが、勉強したことで専門知識が身につき、仕事面で大いに役に立つことも多々ある。私も暇を見つけては、税理士・社会保険労務士・司法書士の勉強をした。結局、資格取得は叶わなかったが、今でもその勉強は役に立っている。

2 「聞き上手」のメリットを知る

世の中には、「聞き上手」の人もいれば、「話し上手」の人もいる。

物事を損得勘定で考えるべきではないが、敢えて提言するならば、人間として得なのは、前者の聞き上手である。

もちろん、話術も必要だが、自分の考えをまくし立てるのは印象の良いものではない。話しているほうは気持ちが良いだろうが、聞いているほうは苦痛に感じていることも多いのだ。よく喋るだけの営業マンの成績が上がらないのも、顧客に何かしらの不快感を持たれている可能性は否めない。

ともあれ、**聞き方にまわって「ああそうですか。なるほど！」と相づちを打っているほうが、人から多くを学べるのは、歴然とした事実である。**

誰にでも自分にはない何かを持っているものだ。それを学ぶことは大変有意義だし、自分を磨くことにもなる。

ところが相手の話をさえぎってまで喋りまくるのは、自分のつたない考えを放出しているばかりで、何も得ることはない。むしろ、話を一方的に聞かされる立場からすれば、不愉快極まりないだろう。これでは、まず好感を持たれることはない。

私たちは、誰かに能力を評価され、好意を持たれて、はじめてその存在意義を見出される。また、そうすることでチャンスを手にすることもできる。そのためには、どんな人の意見でも素直に聞く謙虚な姿勢が大切なのだ。

とかくビジネスパーソンは、自分をできるだけアピールしたがるものだが、それも度が過ぎるとマイナスになる。相手からすれば「結局、自分のことだけしか考えていない」と受け止められてしまうからだ。ゆえに、**「自己顕示欲」は、あまり表面に出さないほうが賢明だ。**

それでいて、やるべきことはきちんとやる人は抜群の評価を受ける。これが良いのだ。いわゆる思慮深いことが好まれるわけだ。

しかし、相手に誤解されてはたまらない。

往々にして、誤解されやすいタイプの人とは、「アイツは何を考えているのかがわからない。腹に〝いちもつ〟あるのでは……」という人だ。

これはビジネスパーソンとしては、「損失だ」と言わざるを得ない。

言うべきとき、報告するとき、相談するときには、きちんとやらなければならない。こうす

人から学ぶうえでも「聞き上手」になる

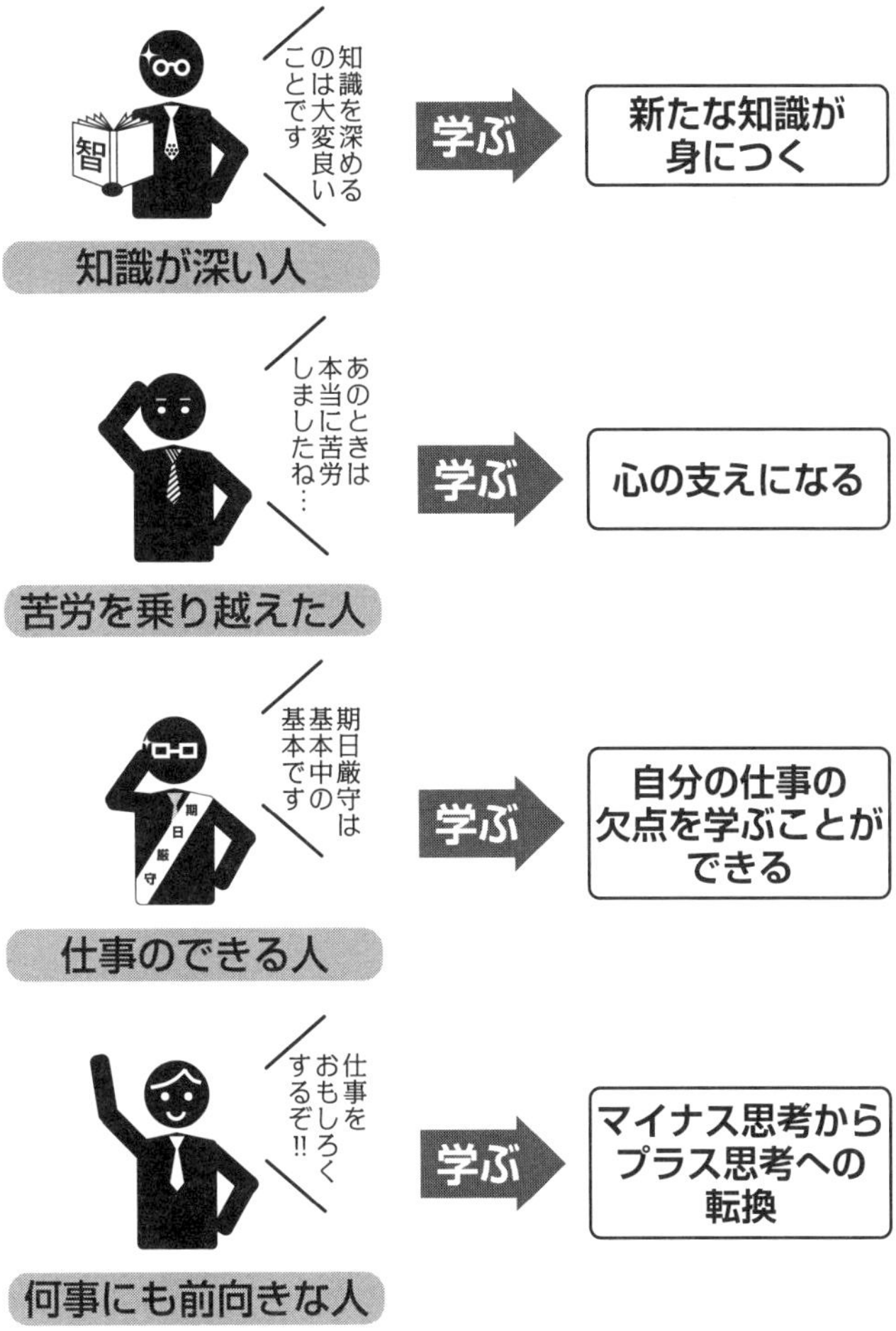
知識を深めるのは大変良いことです
智
学ぶ
新たな知識が身につく
知識が深い人
あのときは本当に苦労しましたね…
学ぶ
心の支えになる
苦労を乗り越えた人
期日厳守は基本中の基本です
期日厳守
学ぶ
自分の仕事の欠点を学ぶことができる
仕事のできる人
仕事をおもしろくするぞ!!
学ぶ
マイナス思考からプラス思考への転換
何事にも前向きな人

ることで、仕事が効率的にできる条件・知識・情報などといったものを手にすることができる。

何よりも先輩や上司から、様々なことを学び、教えてもらえるというのは、それだけで仕事の効率化を高めることにもつながる。自己の成長にもなる。

だから、「自分が、自分が……」というような前に出すぎる性格を引きずっていては、ビジネスの世界ではどうにもならない。もっと大人になって他人の立場が理解できるようにならなければ、自分の立場は到底守れないし、能力を高めることもできない。評価も上がらない。

話しているよりは聞いているほうがストレスはたまる。これは事実だが、聞き上手になることで得るものは予想以上に多いことを知っておいて欲しい。

3 健康であることも大切な能力の1つ

よく「日本人は働きすぎだ」と言われるが、本当だろうか？

私は、そうは思わない。労働時間が長いのは、本当の中身のある仕事ではなく、仕事にならない仕事のようなものも、かなりのウエイトを占めているはずだ。

時間の効率化から指摘すれば、まったく非生産的なことこのうえない。

上司や同僚などとの人間関係に必要以上に気をつかいすぎると、ストレスで胃に穴があくこともある。自分の身を守るうえでも「仕事は仕事」「つき合いはつき合い」と割り切ることも大切だ。また、その対応に関しても、ときには自分の意思をきちんと伝えて構わない。「イヤなものはイヤだ」「できないものはできない」と、はっきり主張しても良いのだ。

「ゴマスリも仕事のうち」などということもあるが、ゴマをすっても能力が欠けているようでは、高い評価を得ることはない。たとえゴマをすった上司は可愛がってくれても、会社全体としての評価は極めて低いままである。

日本の職場は、未だにジメッとした古い風土が根強く残っており、割り切って働き、きっちり休めない側面がある。それが原因でストレスのたまることがなんと多いことか……。

ビジネスパーソンは、自分で自分を守る能力を身につけなければならない。「自分の身は自分で守る」というくらいの強い気持ちがないと、肝心な仕事も上手くできないものである。

「疲れているから休日は何時までても寝ていたい」

それで構わない。誰に遠慮がいるというのか。

「自分が好きにできるときは好きにする」――これがストレスをためないコツだ。自由裁量が許されるときは、思う存分に好き勝手にふるまうことで〝命の洗濯〟ができる。

「あぁ〜疲れているな」というのは、自分でわかるはずだ。その状態を放っておかずに、「疲れが取れてきたな」と実感できるまで休養すべきである。そういうリズムを自分の習慣にすることだ。つまり自分なりに身体の調整方法を確立しておくことが肝要だ。

誰のためでもない。ほかならぬ自分の身体なのだから。

厳しいことを言うが、会社という組織は、いくら仕事ができても、いくら貢献していても、長期間休むような事態になると、途端に冷たい態度を取るようになる。まして不況が渦巻く現在のような経済状況では、給料を払い続ける余裕はない。

心身ともに健康であることも、ビジネスの世界では大切な能力の1つなのである。

休養は仕事の能力を高める

土曜日

身体を休め、疲れを取る

睡眠・散歩・ジョギング…

日曜日

趣味を活かして、リフレッシュする

ゴルフ・テニス・つりなど

適当に身体を動かす

ストレス発散！

自分で自分の健康を守る能力
（新たな気持ちで仕事に取り組む）

4 意識的にプラス思考のリズムを構築せよ！

マイナス思考でも、プラス思考でも、自分が考えたほうに物事は進むものである。同じ生きていくのならば、良いことを引き寄せるプラス思考でいたい。

事実、私自身も我が身を振り返ってみると……「こうなったらイヤだな」と、マイナス思考にとらわれている場合は、なぜか本当にそうなってしまうことがある。きっと自分でも気づかないうちに悪いこと、イヤなことを引き寄せてしまっているのだろう。

考え方が「プラス」と「マイナス」では、日頃の行動がまったく異なってくる。

たとえば、プラス思考の人は、たとえ困ったことがあっても、その壁を自分の力でなんとか乗り越えていく。そうすることでますます打たれ強くもなる。

他方、マイナス思考の人は、自分の都合が悪くなると「アイツのためにこうなった……」などというような被害者意識を持つ。こうなると問題の糸口が見えなくなる。こういう人が同僚であったり、上司であったりすると、辟易して疲れ切ってしまう。

プラス思考で壁を乗り越える

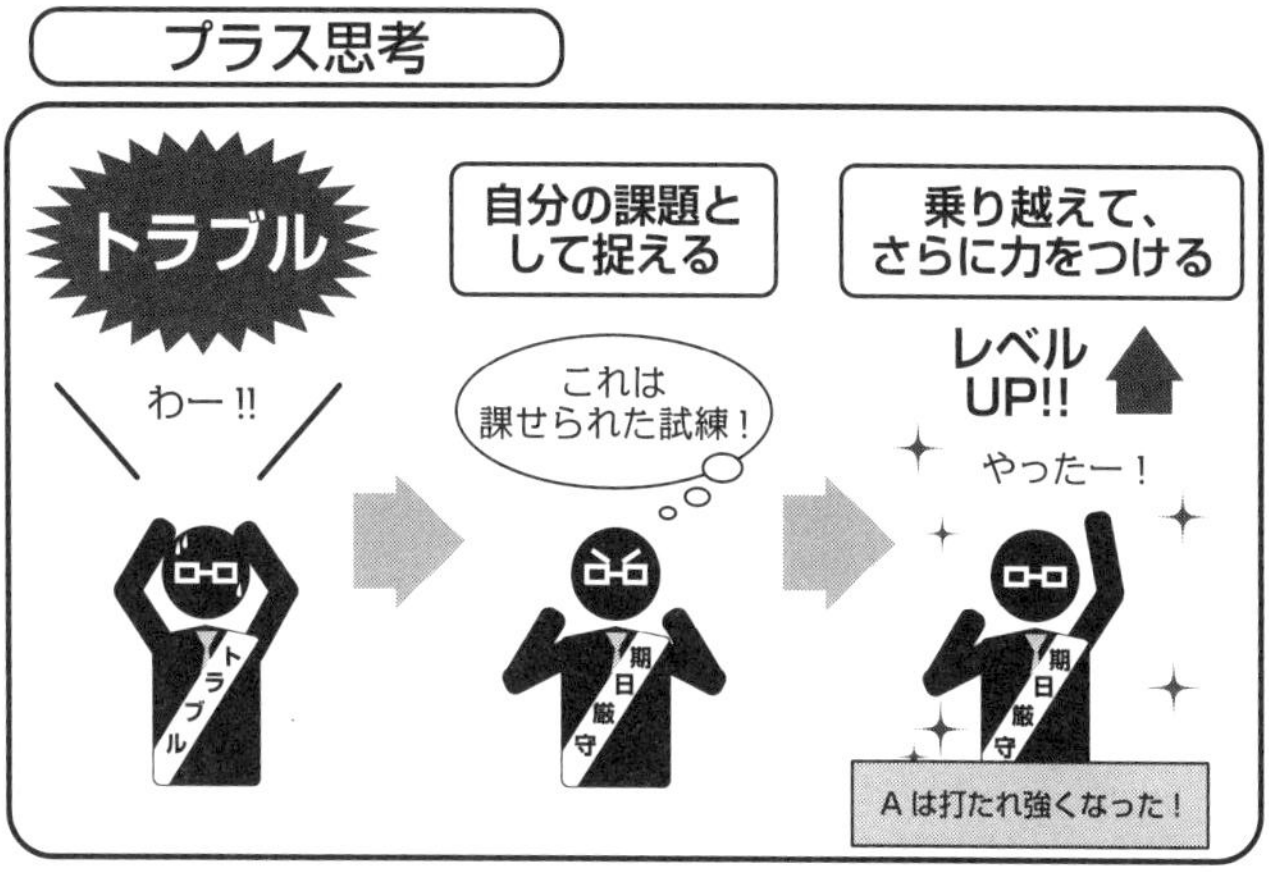
プラス思考
トラブル
わー!!
トラブル
自分の課題として捉える
これは課せられた試練！
期日厳守
乗り越えて、さらに力をつける
レベルUP!!
やったー！
期日厳守
Aは打たれ強くなった！

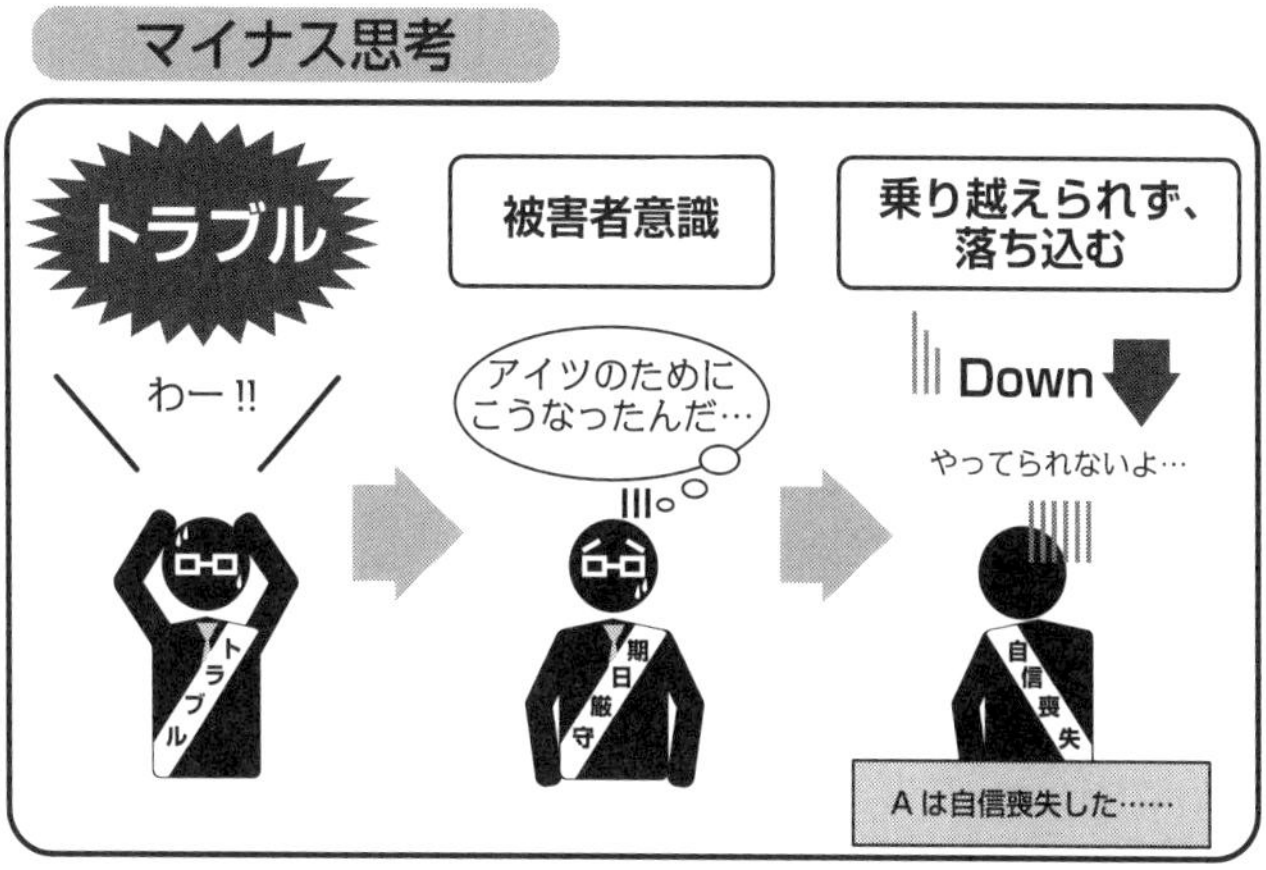
マイナス思考
トラブル
わー!!
トラブル
被害者意識
アイツのためにこうなったんだ…
期日厳守
乗り越えられず、落ち込む
Down
やってられないよ…
自信喪失
Aは自信喪失した……

往々にして、マイナス思考の人は、たとえ問題が起きていても、自分の問題として捉えようとはしない。自分の価値観や範疇に収まらないものは、すべて排除しようとする。

こういうタイプの人は、レールを敷いて〝切符〟を買ってやらなければ何もできない。当然ながら、コスト意識もなければ、向上心もない。あるのは被害者意識だけだ。

ビジネスの世界では、責任を他人に転嫁するような人は、絶対に評価されない。イニシアティブも握れない。たとえ一流大学を出ていても、自分の問題をきちんと自分の課題として捉えることができない人は、しょせんは大人に成り切れない幼稚な人、つまり使いものにならない社員として、いずれは葬られる。結果、自信を失い、何事も上手くいかないどころか、運まで逃げていくだろう。

こうなったらオシマイだが、そういう事態に追い込まれるのは、すべて自分が悪いのだ。

自分の実力が不十分であることを素直に認め、新たに踏み出す意識を持ち続ければ、実力は自然につちかわれていくものである。

5 朝のリズム管理が1日を決める

1日のスタートは、朝で決まる。「自分は朝が苦手だ」という人は、子どもの時分からの習慣がそうさせているのだが、社会人になっても克服できないと、いつか大きな損をする。

私がサラリーマンだった頃、毎日必ず10分遅れて出社してくる人がいた。なぜか会社はそれを黙認していたのだが、結果的には、やはり周りから白い目で見られるようになり、自ら会社を去らざるを得なくなった。「当然だ」と言えば、当然だろう。

そもそもほかの人が、朝15分も20分も前に出社して、会社の掃除や雑用をしながら、今日の仕事に取り掛かる準備をしているときに、息せき切って遅れて出社してくるのは、「だらしない」のひと言につきる。「アイツは何様のつもりだ！」と不快に思われても仕方がない。

こうした背景には、仕事に対する姿勢、もっと突き詰めて言えば、意識の希薄さがある。ビジネスパーソンとして大人に成り切れていない表れでもある。

朝、遅刻ばかりするような人に優秀な人物はいない。遅刻するようなリズムは、仕事の効率を低下させるからだ。

なかには、「低血圧でなかなか起きられない」という人もいるだろうが、起きるチャンスに起きなければ、二度寝をすることになる。遅刻するような時間に起こされるか、ハッと気づいてあわてて起きることになる。この目覚めのタイミングは極めて悪いので、不機嫌なままで出社することになる。当然、そのような状態では新たな価値を生み出すこともできない。

はっきり言えば、〝負け犬〟のような1日がはじまるだけだ。これでは時間の有効活用もクソもない。はじめから時間に負け、時間をムダにしている。

時間でも仕事でも、追いかけるような余裕を持って毎日を送ることだ。それが大切な時間を有効に使うことになる。

朝は早めに起きて、食事はきちんと摂る。テレビのニュースくらいはしっかり見て、新聞も読んで出掛けるようでなければ、できるビジネスパーソンにはなれない。

1日のスタートにおいて、朝の占めるポジションというのは、ビジネスのすべての分野にまで多大なる影響を及ぼすことを理解してもらいたい。

そして、朝のリズム管理だけは、いつも規則正しくきちんとやって欲しい。

1 日のスタートは朝の目覚めで決まる !!

朝のリズム管理

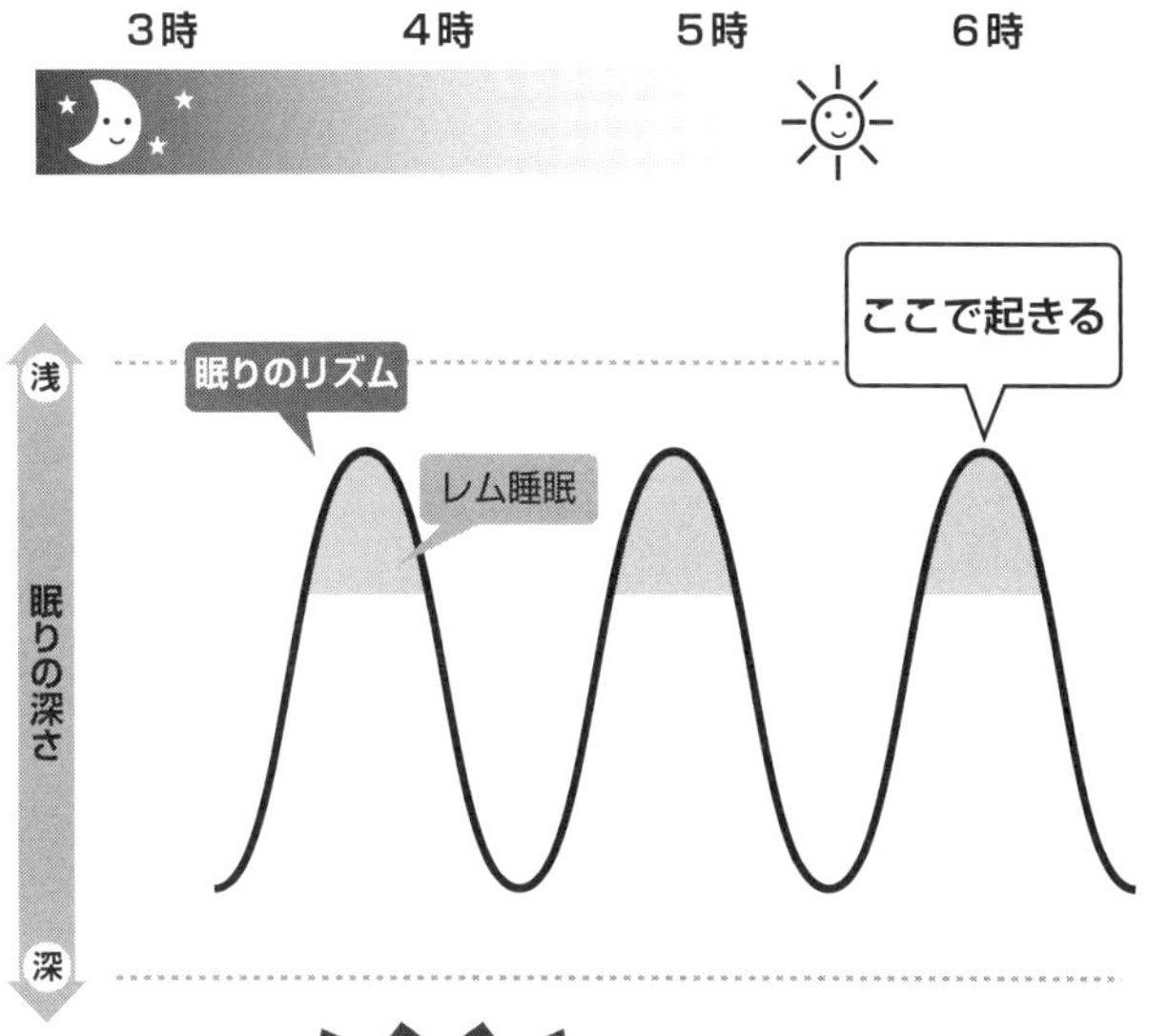

Point

・眠りが浅くなる時間に起きるようにする
・寝過ぎも、寝不足も良くない

6 「悪弊」を断ち切るための意識づくり

これは子どもでも、大人でも、同じことが言えるのだが、朝これから出掛ける間際に、その日に必要なものを準備していると……必ず忘れ物をする。

少しばかり思慮深い人は、前日に必ず準備しておく。カバンの中身を整理して必要な書類を入れたり、明日着ていく服装を決めてその用意をしたり、なかには、朝食をテーブルの上に準備しておく人もいる。それでもたまには忘れることがある。

たとえば、カバンを替えたり、スーツを替えたりすれば、「必ず」と言っていいほど忘れ物が出てくる。**忘れ物をする人というのは、忘れ物を招く悪しき習慣を自ら身につけているからにほかならない。言い換えれば、それがクセになっているのだ。**また、たちの悪いことに、それが「当たり前だ」と思っているから、一向に改善する姿勢も見られない。

意識をちょっと変えるだけで、悪弊を断ち切ることは簡単にできる。5分もあれば、前日の準備は終わる。日々の習慣にしてしまえば、特段難儀なことでもないはずだ。

「面倒くさい」という人に限って、何をやるにも面倒くさがる。結果として、時間を上手く使いこなせない。仕事の効率もすこぶる悪い。

その日の新聞やテレビのニュースは、朝のうちに必ずチェックしておくことだ。なにしろ今の社会では、情報が命になる。その情報の内容について適切に判断し、どこまで活用できるか否かで、仕事のクオリティは変わってしまう。

情報収集のためにどれだけの時間を掛けるかということは、その人の能力をどれだけ高めるかに等しい。日本企業の名だたる経営者のなかには、毎朝コーヒーをすすりながら10紙くらいの新聞を読破してしまう人がたくさんいる。

「同じようなものを、そんなに読んでも意味がない」――その考えは、明らかに間違いだ。新聞には、まったく同じことが書かれているわけではない。各社それぞれが自社の特色を出すために、記者は必死だ。ゆえに、必ずその新聞だけにしかない〝特ダネ〟というものがある。それを読んだ人とそうでない人では、仕事のクオリティに明らかな差が出る。

朝の情報収集は、それだけ重要なのである。

ビジネスでは、仕事をはじめる前段階に態勢をあらかじめ整えておくことが肝要だ。それが「仕事ができる人とできない人との差をつくり出す」と言っても過言ではない。

特別付録

自己管理フォーマット

自己管理とは、自分の行動を客観的に観察できるように管理することである。そのための管理表フォーマットを掲載した。このフォーマットを活用すれば、間違いなく目標達成率は高くなり、ムダな時間も費やさなくなり、コスト意識が高くなる。このフォーマットが難しければ、自己流にアレンジして活用しよう！

【自己管理表】

日付　年　月　日　曜日
名前（　　　　　　　　）

	計画 Plan	check	行動 Do	場所 Place
00:00				
30				
01:00				
30				
02:00				
30				
03:00				
30				
04:00				
30				
05:00				
30				
06:00				
30				
07:00				
30				
08:00				
30				
09:00				
30				
10:00				
30				
11:00				
30				
12:00				
30				
13:00				
30				
14:00				
30				
15:00				
30				
16:00				
30				
17:00				
30				
18:00				
30				
19:00				
30				
20:00				
30				
21:00				
30				
22:00				
30				
23:00				
30				
24:00				

※自己管理は自分の行動を客観的に捉えること。計画は前日に記入する。行動欄は、できるだけ詳細に記入する。場所は、行動・業務の場所を指す。この管理表は24時間自己管理できるようになっている

【目標管理表】

日付　　年　月　日　曜日
名前(　　　　　　　　)

今日の目標	現実	計画時間 現実時間	
01			
02			
03			
04			
05			
06			
07			
08			
09			
10			

今日の目標

※今日の目標は前日に作業を行う。業務や会議など具体的にやるべきことを優先順位に記入する。目標は明確に、金額・比率・量などは数字を使って記入する
※上段には計画時間を記入し、下段には実際に使った時間を記入する。この時間が少なくなればムダがなくなり、目標達成率が高くなる

【収支管理表】

日付　　年　月　日　曜日
名前（　　　　　　　　　　）

今日の収支

収支　購入品目（収入品目）　支払先（顧客）	金	額
収・支		
収・支		
収・支		
収・支		
収・支		
収・支		
収・支		
収・支		
収・支		
収・支		
収入　**支出**　**収支計**		

※収支の記入は常識的に行う

【人脈管理表】

日付　　年　月　日　曜日
名前（　　　　　　　）

今日の人財

※初対面の人の名前や今日会った人の特徴などを記入する。出会いのなかったケースは、メモ欄として自由に記入しても良い

【健康管理表】

日付　　年　月　日　曜日
名前（　　　　　　　　）

内容		※外食の場合は店名と費用
朝食		
昼食		
夕食		
他		
たばこ 銘柄／本数／費用	コーヒー・紅茶 種類／杯／費用	アルコール類 酒類／量／費用
体重	歩いた距離（歩数）	体温（時間帯）
体調 （体調へのコメント）		最悪・不調・普通・良好・最良

※健康管理表を記入するとき、食事は詳細に記入することを心掛ける。費用は収支表に記入しても良い。他欄には間食などを記入する。嗜好品は健康面で問題のある人は必ず記入する

【自己評価表】

日付　　年　月　日　曜日
名前（　　　　　　　　　）

総合評価をしてみよう

人的資源	1・2・3・4・5
知的資源	1・2・3・4・5
お金資源	1・2・3・4・5
身体資源	1・2・3・4・5
心の健康	1・2・3・4・5
総合評価	1・2・3・4・5
明日への反省	

※各項目の評価と総合評価を自分の尺度で評価する

【著者紹介】

日野 征（ひの・まさし）

◎―早稲田大学卒業後、民間放送を皮切りにマスコミ界で活躍。のちに独立。経済評論家・経営コンサルタントとして活躍中。自身のサラリーマンの時代の実体験と多くの企業人の取材をもとに、ビジネスパーソンとしての在り方を追求している。「仕事はスピーディーに、且つクオリティの高いもの」が信条。

◎―具体的で実践に即した提言は、時代を超えて多くのビジネスパーソンの共感を呼んでいる。

【新装版】Aランクの仕事術

2014年4月30日　第1刷発行

著　者――日野 征
発行者――徳留 慶太郎
発行所――株式会社すばる舎
〒170-0013 東京都豊島区東池袋3-9-7東池袋織本ビル
TEL　03-3981-8651（代表）
　　03-3981-0767（営業部直通）
FAX　03-3981-8638
URL　http://www.subarusya.jp/
振替　00140-7-116563

印　刷――株式会社シナノ印刷

ISBN978-4-7991-0334-0